바로 써먹는 챗GPT 실무 활용법
초보자도 하루만에 전문가로 만드는 실전 안내서

김규림 · 문혜정 · 이호진 · 허필선 지음

바로 써먹는 챗GPT 실무 활용법

발 행	2025년 10월 6일
저 자	김규림, 문혜정, 이호진, 허필선
디자인	남은주
펴낸이	허필선

펴낸곳   행복한 북창고
출판등록 2021년 8월 3일(제2021-35호)
주   소   인천 부평구 원적로361 216동 1602호
전   화   010-3343-9667
이메일   pilsunheo@gmail.com
홈페이지 https://www.hbookhouse.com

판매가 | 22,000원
ISBN 979-11-93231-36-4

* 잘못 만들어진 책은 구입하신 서점에서 교환해 드립니다.
* 본 책은 저작자의 지적 재산으로서 무단 전재와 복제를 금합니다.

2025년 최신 업데이트 완전 반영!

바로 써먹는 챗GPT 실무 활용법

초보자도 하루만에 전문가로 만드는 실전 안내서

김규림, 문혜정, 이호진, 허필선

챗GPT 전문 강사와 출판사 대표의 비밀 강의
일상부터 업무까지 챗GPT 상황별 활용 예제 수록
하루 만에 2025년 최신 기능 완벽 마스터
챗GPT는 이 한권으로 종결한다

행복한북창고

AI 시대, 당신은 준비되어 있는가?

2022년 11월 30일, 세상이 바뀌었다. 오픈AI가 챗GPT를 출시하고 단 5일 만에 100만 명의 사용자를 돌파하며 인류 역사상 가장 빠르게 확산된 서비스가 되었다. 그로부터 3년이 지난 지금, 챗GPT는 우리의 일상과 업무 환경을 완전히 바꿔놓았다. 전 세계 수억 명의 사람들이 이 새로운 도구를 사용하고 있지만, 정작 그 잠재력을 제대로 활용하고 있는 사람은 많지 않다.

여전히 많은 사람들이 챗GPT를 제대로 활용하지 못한다. "챗GPT가 뭔지는 알겠는데, 대체 어떻게 써야 하는 거지?" 이것이 바로 우리가 가장 많이 듣는 질문이다. 처음엔 신기해서 이런저런 질문을 해보지만, 막상 일상생활이나 업무에 활용하려고 하면 막막해진다. 검색창에 질문 던지듯 사용하다가 "이게 다인가?" 싶어서 금세 관심이 식어버리는 사람들이 많다.

이런 현상이 일어나는 이유는 간단하다. 대부분의 사람들이 챗GPT를 단순한 '검색 도구'로 인식하고 있기 때문이다. 구글에서 정보를 찾듯이 질문을 던지고 답변을 받는 수준에 머물러 있는 것이다. 하지만 챗GPT의 진정한 가치는 정보 검색이 아니라 '창조적 협업'에 있다.

챗GPT의 진짜 힘은 '어떻게 질문하느냐'에 달려 있다.
같은 도구라도 사용하는 사람에 따라 전혀 다른 결과가 나오는 것이 챗GPT의 특징이다. 어떤 사람은 챗GPT로 10분 만에 완벽한 보고서 초안을 완성하고, 어떤 사람은 30분을 써도 만족스러운 답변을 얻지 못한다. 어떤 사람은 챗GPT로 부업 수입을 만들어내고, 어떤 사람은 여전히 "이걸로 뭘 할 수 있지?" 하며 고민만 한다.

결과의 차이를 만드는 건 '어떻게 질문하는가'에 있다. 단순히 "보고서 써줘"라고 요청하는 것과 "마케팅팀 월간 성과 보고서를 작성해줘. 목표 대비 달성률, 주요 성과 지표, 문제점 및 개선 방안, 다음 달 계획 순서로 구성하고, 각 항목마다 구체적인 데이터와 근거를 포함해줘"라고 요청하는 것은 완전히 다른 결과를 가져온다.

이런 차이는 단순한 이해의 차이 때문이 아니다. 사고방식의 차이다. 챗GPT를 '정보 제공자'로 보는 사람과 '창조적 파트너'로 보는 사람 사이의 차이다. 전자는 답을 얻으려 하고, 후자는 함께 만들어가려 한다. 전자는 결과물을 요구하고, 후자는 과정을 공유한다.

AI 시대의 새로운 격차가 만들어지고 있다.
과거에는 컴퓨터를 다룰 줄 아는 사람과 그렇지 못한 사람 사이에 '디지털 격차'가 있었다. 하지만 지금은 AI를 제대로 활용할 줄 아는 사람과 그렇지 못한 사람 사이에 'AI 격차'가 만들어지고 있다. 이 격차는 디지털 격차보다 훨씬 크고 빠르게 벌어지고 있다.

AI를 제대로 활용하는 사람들은 업무 효율이 몇 배 증가하고, 새로운 수

익원을 창출하며, 창의적인 아이디어를 현실화한다. 반면 그렇지 못한 사람들은 점점 더 뒤처지게 된다. 이제 AI 활용 능력의 차이가 미래 경쟁력의 핵심이 되고 있다.

이런 격차는 특히 직장에서 더욱 명확하게 드러난다. 같은 업무를 하면서 어떤 사람은 하루 종일 걸리던 일을 한 시간 만에 끝내고, 어떤 사람은 여전히 예전 방식으로 시간을 쓴다. 어떤 사람은 AI의 도움으로 더 창의적이고 전략적인 업무에 집중하고, 어떤 사람은 반복적인 단순 업무에 매몰되어 있다. 챗GPT가 무섭다고 하는 사이에 어떤 이는 무서운 챗GPT를 일꾼으로 쓰고 있다. 자신이 어떤 태도를 가지는가에 따라 챗GPT는 무서운 대상이 되기도 하고, 누구보다 나은 동료가 되기도 한다.

이 책의 특별함은 바로 써먹을 수 있는 실전 활용법에 있다.
이 책을 집필하며 거의 모든 상황에 바로 적용할 수 있는 프롬프트를 최대한 많이 담으려고 했다. "이런 상황에서는 이렇게 질문하라"는 식으로 즉시 적용 가능한 해결책을 제시한다.

예를 들어, 일주일 식단표가 필요하다면 단순히 "식단표 만들어줘"가 아니라 "4인 가족, 중학생 자녀 둘, 당뇨 환자 1명, 주 3회 운동하는 가족을 위한 일주일 식단표를 아침, 점심, 저녁으로 나누어 만들어줘. 각 메뉴별로 칼로리와 주요 영양소도 표시하고, 장보기 목록도 함께 제공해줘"라고 질문하는 구체적인 방법을 알려준다.

이 책은 단순한 활용서가 아니다. 효율적인 삶에 대한 안내서이다.
일상생활의 편의부터 업무 효율성 향상, 나만의 챗GPT까지 당신의 삶을 혁신할 수 있는 완전한 가이드북이다. 필요한 상황에 바로 적용할 수 있도록 목차를 보며 원하는 상황의 페이지를 열어도 바로 사용가능할 수 있도록 구성해 핸드북처럼 사용할 수 있도록 했다.

영어 공부를 하고 있다면 원어민 선생님보다 더 훌륭한 선생님을 만나는 법을 알게 될 것이다. 직장인이라면 업무 생산성을 혁신적으로 향상시킬 수 있을 것이다. 회의록을 30초 만에 요약하고, 보고서 초안을 10분 만에 완성할 수 있을 것이다. 영업인이라면 고객과 미팅을 준비하는 방법, 마케터를 위한 카피 작성까지 직무별로 특화된 활용법도 상세하게 다룬다.

AI 시대에 뒤처지지 않으려면 AI를 단순히 사용하는 것이 아니라 AI로 새로운 가치를 창출할 수 있어야 한다.

이제 가장 중요한 경쟁력은 AI활용력이 될 것이다. AI를 제대로 활용할 줄 아는 사람들에게는 무한한 기회가 열릴 것이다. 반대로 AI를 제대로 활용하지 못한다면, 결국 도태될 것이다.

이 책은 2025년 현재 챗GPT의 모든 기능을 담았다. 초보자도 하루 만에 중급자가 될 수 있도록 체계적으로 구성했으며, 이미 챗GPT를 사용해본 사람이라도 몰랐던 고급 기능들을 새롭게 발견할 수 있을 것이다. 더 이상 챗GPT를 '그냥 신기한 도구' 정도로 생각하지 말았으면 한다. 이 책과 함께 일상과 업무, 그리고 미래를 바꿀 수 있는 강력한 파트너로 만들어보자. 지금 바로 시작하자. 분명 내일이 달라질 것이다.

목차

프롤로그 ·· 4

첫째마당 | 챗GPT 시작하기 |

1장. 챗GPT 기본 설정과 첫 대화
1-1 챗GPT 가입하고 시작하기 ·· 16
1-2 화면 구성과 기본 조작법 ·· 25
1-3 첫 대화 시작하기 ·· 30
1-4 유료 플랜 vs 무료 플랜 선택하기 ·· 38

2장. 챗GPT와 대화하는 기술
2-1 좋은 프롬프트 작성하는 5가지 원칙 ·· 44
2-2 SCORE 구조: 5단계로 완성하는 질문법 ·· 51
2-3 최적의 프롬프트를 뽑는 매직 질문법 ·· 56
2-4 역할 부여하기 ·· 64
2-5 단계별 질문으로 정확한 답변 얻기 ·· 68
2-6 조건을 걸고 창의적으로 질문하기 ·· 73
2-7 대화 이어가기와 수정하기 ·· 77

둘째마당 | 일상생활 챗GPT 활용법 |

3장, 정보 검색과 학습 도우미
3-1 실시간 정보 검색과 트렌드 분석 ·················· 88
3-2 복잡한 개념 쉽게 설명받기 ······················ 95
3-3 챗GPT로 영어 학습 완전정복 ···················· 101
3-4 학습 계획표 작성하기 ·························· 110
3-5 독서·논문·강의 요약과 분석 완전 활용법 ············ 114

4장, 글쓰기와 창작 도우미
4-1 메시지와 이메일 완전 정복 ······················ 122
4-2 자기소개서와 이력서 작성 ······················· 129
4-3 블로그 포스팅과 SNS 글쓰기 ···················· 135
4-4 소설, 시, 에세이 창작하기 ······················ 141
4-5 아이디어 브레인스토밍 ························· 151
4-6 리뷰와 평가 글쓰기 ··························· 157

5장, 생활 관리와 계획 세우기
5-1 맞춤형 식단표 만들기 ·························· 164
5-2 운동 계획과 홈트레이닝 루틴 ···················· 167
5-3 여행 일정과 예산 계획 ························· 171
5-4 건강 관리와 의료 정보 확인 ····················· 174
5-5 육아와 교육 상담 ···························· 178
5-6 마음 건강과 인간관계와 감정 정리 ················ 182

셋째마당 | 업무 챗GPT 활용법 |

6장. 업무 효율화와 문서 작성

6-1 팀 커뮤니케이션 컨설턴트 ·················· 190
6-2 마케팅 카피와 광고 문구 작성 ·············· 192
6-3 계약서와 제안서 작성 ························ 195
6-4 영업인을 위한 고객 미팅 준비 ·············· 198
6-5 엑셀 수식 작성과 데이터 분석 ·············· 202
6-6 파워포인트 슬라이드 구성과 시각화 ········ 206
6-7 기획서와 사업계획서 작성 지원 ············ 208
6-8 나만의 GPTs 만들기 ························ 212

에필로그 ·· 219

첫째마당

챗GPT 시작하기

1-1 챗GPT 가입하고 시작하기

1-2 화면 구성과 기본 조작법

1-3 첫 대화 시작하기

1-4 유료 플랜 vs 무료 플랜 선택하기

1장

챗GPT 기본 설정과 첫 대화

1-1
챗GPT 가입하고 시작하기

챗GPT가 뭐예요?

친구를 사귀기 전에 우선 그 친구는 어떤 사람인지 알아봐야 한다. 우리도 챗GPT를 시작하기 전에 우선 어떤 친구인지 알아보는 시간을 가져보자.

챗GPT(챗GPT)는 OpenAI사에서 개발한 대화형 인공지능 모델이다. 'Chat'은 채팅을, 'GPT'는 'Generative Pre-trained Transformer'의 줄임말로, 미리 학습된 생성형 트랜스포머 모델이라는 뜻이다.
이름처럼 챗GPT는 트랜스포머(Transformer)라는 딥러닝 기술을 기반으로 책, 기사, 웹페이지 등 인터넷상의 방대한 텍스트를 읽고 분석하여 데이터로 학습되었다. 학습 내용을 바탕으로 사용자가 입력한 질문의 문맥을 파악하여 연관성 있는 답변을 한다.
챗GPT의 가장 큰 특징 중 하나는 '생성형' AI라는 점이다. 기존 검색 엔진이 이미 존재하는 정보를 찾아서 보여주는 것과 달리, 챗GPT는 사용자의 질문을 이해하고, 학습한 데이터를 바탕으로 맥락에 맞는 답변을 생성한다. 이를 통해 인간과 자연스러운 대화를 나눌 수 있으며, 마치 지식이 풍부한 친구와 대화하는 것처럼 자연스럽게 소통할 수 있다.

무엇을 할 수 있나요?

챗GPT는 정말 다양한 일을 도와줄 수 있다. 일상적인 질문에 답하는 것부터 전문적인 업무까지 폭넓게 활용할 수 있다.

글쓰기 분야에서는 이메일 작성, 보고서 초안 작성, 창작 스토리 쓰기, 시나리오 작성 등을 도와줍니다. 학습 도구로는 복잡한 개념을 쉽게 설명해주거나, 문제를 단계별로 해결하는 방법을 알려준다. 언어 관련 작업으로는 번역, 요약, 문법 검사, 언어 학습 등이 가능하다.

업무 효율성 측면에서는 회의록 정리, 프레젠테이션 자료 구성, 아이디어 브레인스토밍, 일정 계획 수립 등을 할 수 있다. 프로그래밍 분야에서도 코드 작성, 디버깅, 코드 설명 등을 도와줄 수 있다.

교육, 업무, 창작, 문제 해결 등 거의 모든 영역에서 활용 가능성을 보여주고 있으며, 개인의 생산성 향상부터 기업의 업무 혁신까지 광범위한 변화를 이끌고 있다. 무엇보다 누구나 쉽게 접근할 수 있다는 점이 AI 기술의 대중화를 이끈 핵심 요인이다.

챗GPT는 단순한 도구를 넘어서 우리의 일하는 방식, 학습하는 방식, 창작하는 방식을 변화시키고 있는 혁신적인 기술이다. 앞으로 더욱 발전하며 우리 생활에 깊숙이 자리잡을 것으로 예상된다.

챗GPT 시작하기

GPT를 시작하는 것은 생각보다 간단하다. 하지만 처음부터 제대로 사용하기는 쉽지 않다. 처음 시작할 때는 어려운 내용을 물어보기 보단 일상의 쉽고 간단한 궁금증을 물어보자.

1) 먼저 챗GPT 공식 사이트에 접속해야 한다. 웹 브라우저를 열고, 구글에서 ❶ chat gpt 또는 챗GPT를 검색한다. 또는 주소창에 'http://chat.openai.com'을 입력한다. 검색 결과에 있는 ❷ '챗GPT, 더욱 간편해진 AI'를 클릭한다.

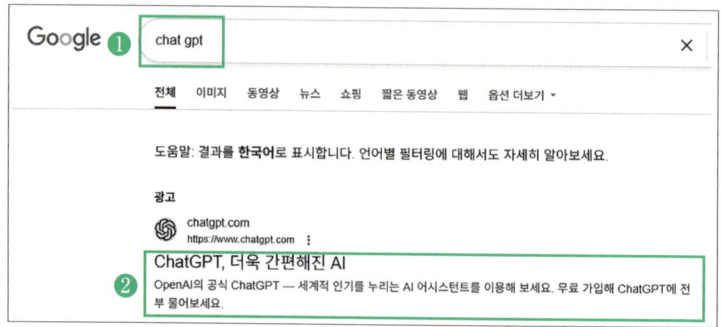

2) 챗GPT 사이트에 접속하면, 우측 상단에 ❶ '로그인'과 '무료로 회원 가입' 버튼이 있다. 처음 방문한다면, '무료로 회원 가입' 버튼, 이미 계정이 있다면 '로그인' 버튼을 클릭한다.

3) '무료로 회원 가입' 버튼을 클릭하면 계정 만들기 페이지로 이동한다.

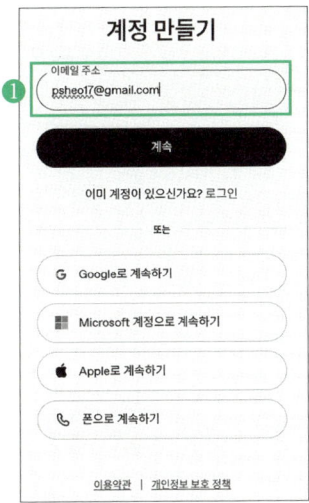 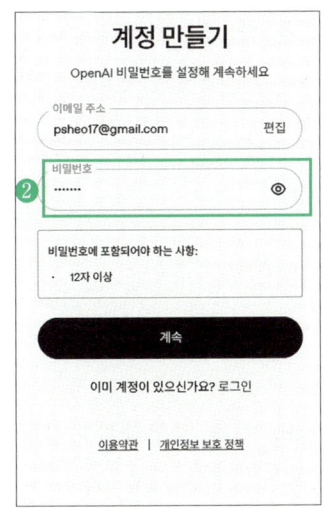

❶ 이메일 주소를 입력하고 계속을 클릭한다. 구글, 마이크로소프트, 애플, 폰으로도 가입이 가능하다.

다음 화면에서 ❷ 비밀번호를 설정하고 계속을 클릭한다. 비밀번호는 최소 12자 이상으로 해야 한다.

4) 받은 편지함에 온 확인 이메일의 코드를 입력한다. 계속을 클릭하고, 이름과 생일을 입력한다.

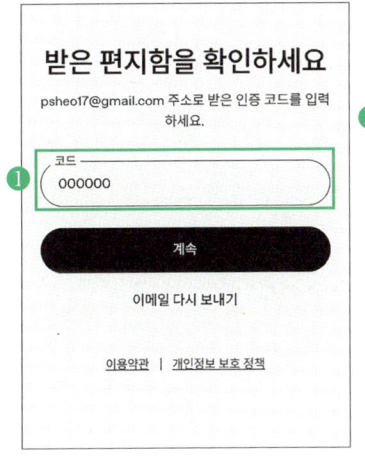 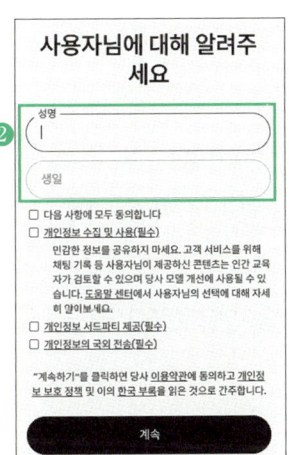

5) 회원 가입을 완료하면, 챗GPT의 메인 화면이 나타난다. 이제 챗GPT 검색창을 통해 질문을 할 수 있다.

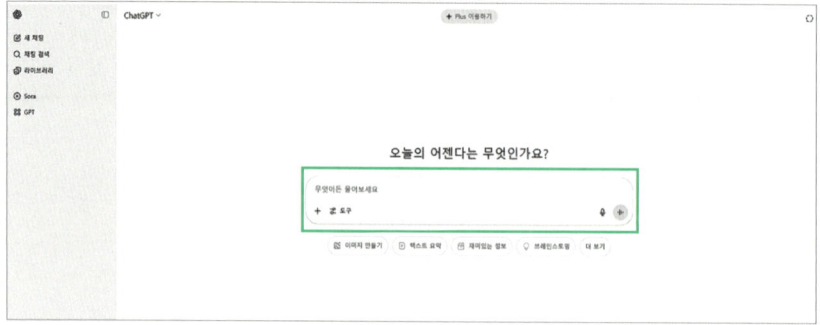

먼저 "안녕하세요. 처음 사용해봅니다"라고 입력해보자. 또는 생각나는 간단한 문장을 입력해보자. 챗GPT가 정상적으로 응답한다면 기본 설정이 제대로 되었다는 뜻이다. 이제 챗GPT 사용을 위한 기본 준비가 모두 완료되었다.

챗GPT 사용 전 알아두면 좋은 용어들

챗GPT를 시작하기 전, 자주 사용하는 용어를 알아두면 좋다. 주요 용어들을 이해하면 챗GPT와 더 효과적으로 소통할 수 있고, 다양한 활용법도 쉽게 익힐 수 있기 때문이다.

AI (Artificial Intelligence 인공지능)

인간의 지능을 모방하여 학습, 추론, 판단 등을 수행할 수 있는 컴퓨터 기술이다. 챗GPT는 AI의 한 종류로, 특히 자연어 처리에 특화된 AI이다. 쉽게 말해 컴퓨터가 사람처럼 생각하고 대화할 수 있게 만든 기술이라고 보면 된다.

LLM (Large Language Model, 거대언어모델)

방대한 양의 텍스트 데이터로 학습한 대규모 AI 모델이다. 챗GPT가 바로 LLM의 대표적인 예시이다. '거대'라는 표현은 모델의 크기와 학습된 데이터의 양이 엄청나게 크다는 의미이다. 이런 큰 규모 덕분에 다양한 주제에 대해 자연스럽게 대화할 수 있다.

머신러닝 (Machine Learning)

컴퓨터가 데이터를 분석하여 스스로 학습하고 패턴을 찾아내는 기술이다. 챗GPT도 수많은 텍스트 데이터를 통해 언어의 패턴과 규칙을 학습했다. 사람이 일일이 규칙을 가르쳐주지 않아도 데이터에서 스스로 배우는 것이 특징이다.

프롬프트 (Prompt)

사용자가 챗GPT에게 입력하는 질문이나 명령어를 말한다. 프롬프트를 어떻게 작성하느냐에 따라 답변의 질이 크게 달라진다. 예를 들어 "글을 써줘"보다는 "회사 신입사원을 위한 이메일 작성법에 대해 500자 정도로 설명하는 글을 써줘"처럼 구체적으로 요청하는 것이 프롬프트 작성의 핵심이다.

프롬프트 엔지니어링 (Prompt Engineering)

AI에게서 원하는 답변을 얻기 위해 프롬프트를 전략적으로 설계하고 개선하는 기법이다. 단순히 질문을 던지는 것이 아니라, AI가 이해하기 쉽고 정확한 답변을 줄 수 있도록 질문을 정교하게 다듬는 과정이다.

토큰 (Token)

AI가 텍스트를 처리할 때 사용하는 기본 단위이다. 대략적으로 단어나 단어의 일부에 해당한다. 한국어의 경우 한 글자가 대략 1~2개의 토큰에 해당한다. 챗GPT는 한 번에 처리할 수 있는 토큰 수에 제한이 있어서, 너무 긴 텍스트는 한 번에 처리하기 어려울 수 있다.

컨텍스트 (Context)

대화의 맥락이나 문맥을 의미한다. 챗GPT는 이전 대화 내용을 기억하고 이를 바탕으로 답변한다. 이렇게 대화의 흐름을 이해하는 능력을 컨텍스트 이해라고 한다. 새로운 대화를 시작하면 이전 컨텍스트는 초기화된다.

할루시네이션 (Hallucination)

AI가 사실이 아닌 정보를 마치 사실인 것처럼 생성하는 현상이다. 챗GPT도 때때로 존재하지 않는 논문을 인용하거나 잘못된 정보를 확신에 찬 어조로 제공할 수 있다. 이는 현재 AI 기술의 한계로, 중요한 정보는 반드시 검증이 필요하다.

파인 튜닝 (Fine-tuning)

이미 학습된 AI 모델을 특정 목적이나 분야에 맞게 추가로 학습시키는 과정이다. 예를 들어 의료 분야에 특화된 챗봇을 만들기 위해 의료 데이터로 추가 학습시키는 것이 파인 튜닝이다.

API (Application Programming Interface)

다른 프로그램이나 서비스와 챗GPT를 연결할 수 있게 해주는 인터페이스이다. API를 통해 자신의 앱이나 웹사이트에 챗GPT 기능을 통합할 수 있다. 일반 사용자보다는 개발자들이 주로 사용하는 기능이다.

트랜스포머 (Transformer)

현재 대부분의 언어 AI가 사용하는 핵심 기술 구조이다. 문장에서 단어들 간의 관계를 파악하고 문맥을 이해하는 데 뛰어난 성능을 보인다. 이 기술 덕분에 챗GPT가 자연스러운 대화를 할 수 있게 되었다.

시스템 프롬프트 (System Prompt)

AI의 역할이나 행동 방식을 미리 설정하는 명령어이다. 예를 들어 "당신은 친절한 선생님입니다."라고 설정하면 AI가 교육적이고 친근한 어조로 답변한다.

제로샷/원샷/퓨샷 (Zero-shot/One-shot/Few-shot)

AI에게 예시를 얼마나 제공하느냐에 따른 분류이다. 제로샷은 예시 없이 바로 요청하는 것, 원샷은 한 개의 예시를 주는 것, 퓨샷은 여러 개의 예시를 주는 것이다. 예시를 제공할수록 더 정확한 결과를 얻을 수 있다.

체인 오브 쏘트 (Chain of Thought)

AI가 단계별로 사고 과정을 보여주면서 문제를 해결하도록 하는 기법이다. "단계별로 설명해줘" 또는 "과정을 보여줘"라고 요청하면 AI가 결론에 도달하는 과정을 자세히 설명해준다.

이러한 용어들을 이해하고 있으면 챗GPT를 더욱 효과적으로 활용할 수 있다. 처음에는 모든 용어를 외울 필요는 없고, 사용하면서 자연스럽게 익혀나가면 된다. 가장 중요한 것은 '프롬프트'와 '컨텍스트' 개념이니, 이 두 가지부터 확실히 이해하고 시작하기 바란다.

1-2
화면 구성과 기본 조작법

메인 화면의 3개 영역

챗GPT의 모든 기능을 효율적으로 활용하려면 각 영역의 역할과 숨겨진 기능들을 정확히 파악하는 것이 중요하다. 챗GPT 화면은 크게 세 개의 영역으로 구성되어 있다. 왼쪽의 ❶사이드바, 중앙의 ❷채팅 결과, 그리고 하단의 ❸질문 영역이다.

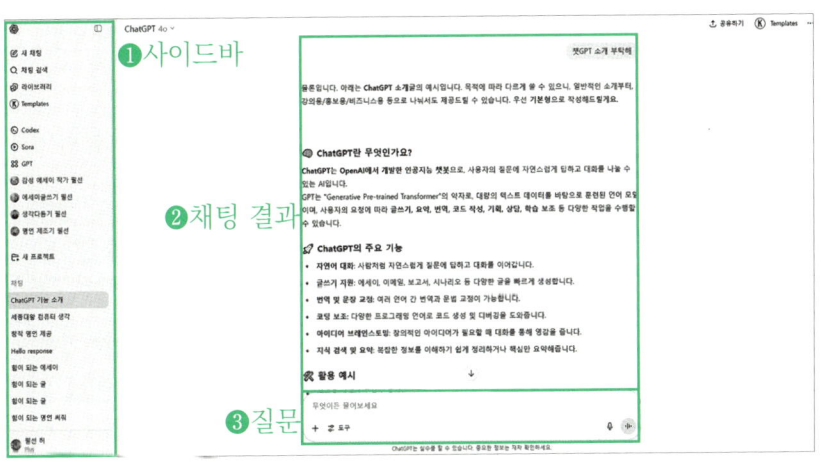

❶사이드바의 상단에는 다양한 기능들이 위치하고, 중간에는 채팅 기록이 있으며, 하단에는 계정 설정이 위치한다.
❷채팅 결과는 중앙에 표시되며, 질문에 대한 답변이 보인다.
❸질문은 하단 질문창에 입력하면 된다.

사이드바 활용하기

사이드바에는 다양한 정보가 들어있어, 설정을 변경하거나 다른 채팅을 하거나 이전 채팅 기록들을 볼 수 있다. 또한 숨겨진 메뉴들을 통해 상세 설정을 바꿀 수도 있다. 거의 모든 메뉴들은 사이드바에 있으니, 하나씩 확인해보면 챗GPT를 좀 더 효율적으로 사용할 수 있다.

❶새 채팅: 새로운 채팅을 시작할 수 있다.
❷채팅 검색: 이전 채팅 내용을 검색할 수 있다.
❸라이브러리: 생성한 그림을 볼 수 있다.
❹codex: 코딩 전문으로 하는 엔지니어링 에이전트이다.
❺Sora: 그림과 동영상을 생성해주는 에이전트이다.
❻GPT: 맞춤형 GPT 버전을 만드는 곳이다. 좌측과 같이 여러가지 GPT를 만들거나, 찾아서 사용할 수 있다. 뒤에서 별도 설명을 하겠다.
❼프로젝트: 한 곳에 파일, 맞춤형 지침을 보관하여 작업을 깔끔히 정리하기 좋다.
❽채팅: 이전의 채팅 기록을 확인하고 불러올 수 있는 곳이다.
❾계정 세팅을 할 수 있는 곳이다. 계정이름을 클릭하면, 다양한 설정을 변경할 수 있다. '설정'탭으로 들어가면, 다양한 설정을 확인할 수 있다.

여러 설정 메뉴가 있지만, 여기서는 중요한 설정 몇 가지만 알아보자.

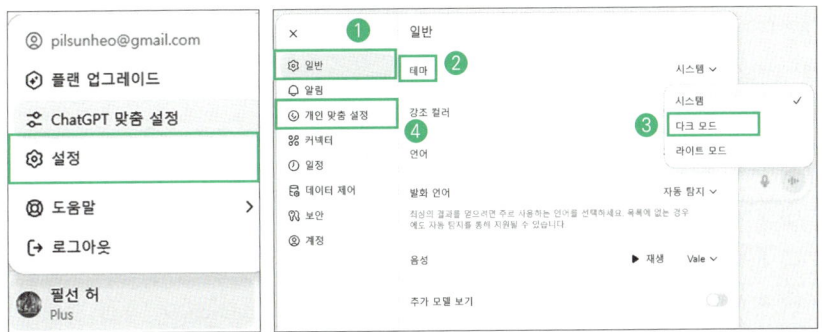

'설정' 메뉴 내의 ❶'일반'탭의 ❷'테마' 설정을 통해 화면 색상을 선택할 수 있다. 시스템 또는 라이트 모드는 현재 보이는 색상과 동일하다. ❸'다크 모드'로 변경하면, 아래의 우측 화면과 같이 검은 배경이 된다. 다크 모드는 눈의 피로도를 낮춰줘서 오랫동안 대화를 하기에 좋다.

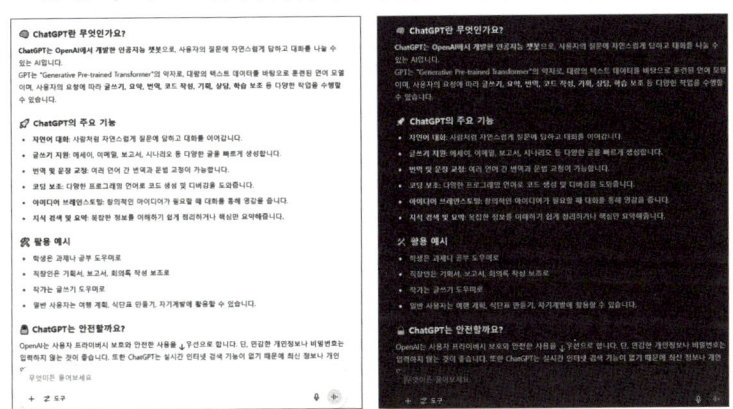

다음 페이지에 있는 '개인 맞춤 설정'탭에서는 메모리를 사용할지 여부와 채팅 기록을 참고할지 여부를 선택할 수 있다.

'채팅 기록 참고'를 설정해주면 응답할 때 이전의 대화 기록을 참고로 대답하여 좀 더 개인화된 챗GPT를 만들 수 있다.

그리고 '메모리 관리하기'에서는 저장된 내용을 확인하고 지울 수 있다. 잘못된 데이터가 저장되어 채팅 내용에 지속해서 영향을 준다면, '메모리 관리하기'를 확인해 잘못된 내용이나 불필요한 내용은 삭제하는 것이 좋다. 그 외에도 알림, 일정, 데이터 제어 등 중요한 내용들이 많으니 설정 탭에서 자신에게 알맞은 세팅을 해보길 바란다.

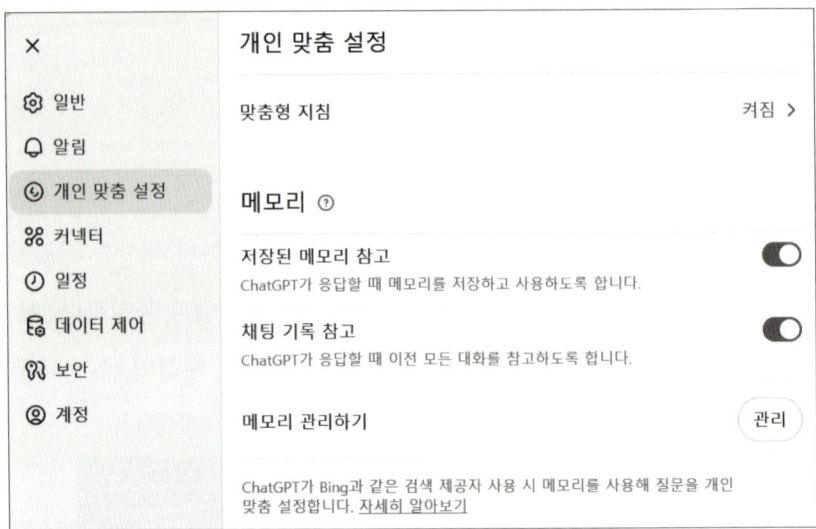

채팅 결과 화면 알아보기

채팅 결과 화면에서는 모델을 선택하거나, 공유하기를 할 수 있다.

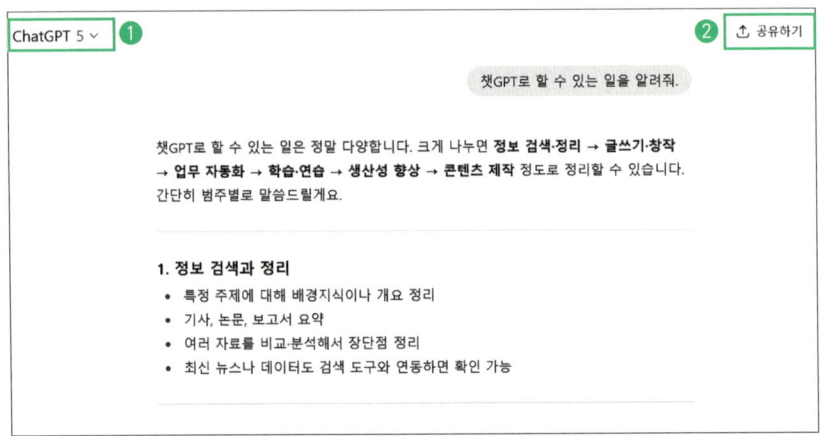

화면 좌측 상단의 ❶'챗GPT'를 눌러 모델을 선택할 수 있다. 하지만, 무료 사용자는 선택이 불가능하고, 유료 사용자만 이용 가능하다.

화면 우측 상단의 ❷'공유하기'를 클릭하면 '채팅 결과' 공유 링크를 만들어 다른 이와 공유할 수 있다.

1-3
첫 대화 시작하기

질문이 대답을 결정한다

챗GPT는 정말 많은 정보를 가지고 있지만 질문을 정확히 하지 않으면 좋은 답변을 얻을 수 없다. 챗GPT를 잘 활용하기 위해선 좋은 질문을 하는 방법을 알아야 한다.

사람도 처음 만나면 자기소개를 해야 상대방이 그에 맞는 대화를 이어갈 수 있듯, 처음에는 자신을 소개하는 것이 좋다. 예를 보자. 우선 "마케팅에 대해 알려줘"라고 질문해보자.

🍀 마케팅의 기본 개념

1. 4P 전략 (전통적 마케팅의 핵심)

요소	설명
Product (제품)	고객의 니즈를 충족하는 상품/서비스
Price (가격)	가치에 합당한 가격 설정
Place (유통)	고객이 제품을 쉽게 접할 수 있는 유통 경로
Promotion (촉진)	광고, 홍보, 이벤트 등으로 고객에게 알리는 활동

이렇게 세부적인 정보 없이 질문하면, 너무 일반적이고 평이한 답변을 한다.

이번엔 "나는 중소기업에서 마케팅 업무를 담당하는 5년차 직장인이야. 디지털 마케팅에 대한 기초 지식은 있지만, 최신 트렌드를 따라가는 데 어려움을 겪고 있어"라고 질문해보자.

> ☑ **2024-2025 마케팅 주요 트렌드 (중소기업 관점)**
>
> **1. 짧고 강렬한 콘텐츠 (Short-form Content)**
> - 틱톡, 인스타 릴스, 유튜브 쇼츠가 중심
> - 짧지만 브랜드 아이덴티티를 담는 것이 핵심
> - 소비자의 집중력은 짧아졌지만, 콘텐츠 소비 빈도는 늘어남
>
> 💡 Tip: 제품 소개나 후기 영상을 15초 안에 요약해보세요. 'Before & After' 스타일도 효과적입니다.
>
> **2. AI 마케팅 활용**
> - 이미지 생성, 자동 카피라이팅, 고객 분석 등에서 ChatGPT, Canva, Copy.ai 등이 활용됨
> - 자동화 툴로 시간은 절약하고 창의성은 유지
>
> 💡 Tip: 블로그 콘텐츠 초안, 광고 문구, SNS 캡션 등을 AI에게 초안으로 받아 응용하세요.

질문의 형태가 바뀌면 답변도 바뀐다. 챗GPT는 입력된 정보를 기초로 답변을 하기에 자신의 상황을 상세히 설명해야 원하는 방향의 맞춤형 답변을 얻을 수 있다.

챗GPT가 원하는 답변을 해주지 않는다는 생각이 든다면, 좀 더 구체적인 정보를 주면서 질문해보자. 분명 같은 질문이지만 다른 답변을 얻게 될 것이다. 이제 어떤 질문이 좋은 질문인지 하나씩 알아보자.

대화의 목적을 명확히 하자

대화를 시작하기 전에, 무엇을 확인하고 싶은지 대화의 목적을 명확히 해야 한다. 단순히 "잘 작동하는지 보자"는 것보다는 "내가 실제로 필요한 도움을 받을 수 있는지 확인해보자"는 관점으로 접근하는 것이 좋다.

예를 들어 업무 효율화가 목적이라면 실제 업무와 관련된 질문을 해보고, 학습이 목적이라면 현재 공부하고 있는 분야의 질문을 해보자. 이렇게 하면 챗GPT가 자신에게 얼마나 유용할지를 구체적으로 판단할 수 있다.

첫 번째 메시지: 맥락 설정하기

좋은 답변을 얻기 위해선 우선 자신이 누구인지, 무엇을 원하는지를 소개하는 것이 좋다. 챗GPT는 대화의 맥락을 이해하고 그에 맞는 응답을 제공하기 때문이다.

앞서 질문에서 "나는 중소기업에서 마케팅 업무를 담당하는 5년차 직장인이야."와 같은 시작은 챗GPT가 맥락을 이해하는 질문이다. 질문자가 어떤 사람인지 이해하면서 답변의 내용을 '중소기업 마케팅 업무' 관련으로 한정한다. 다음 질문 문장에 있는 "디지털 마케팅에 대한 기초 지식은 있지만, 최신 트렌드를 따라가는 데 어려움을 겪고 있어"와 같은 내용도 좋다. '디지털 마케팅'에 대한 지식으로 한정이 되며, 또한 '최신 트렌드의 마케팅 기업'이라는 한정을 해주기 때문이다. 질문을 할때 정확히 알맞은 세부 정보를 주면 좋다. 하지만 상황에 따른 주어야 하는 정보를 모두 외우고 있을 수는 없다. 정확히 어울리는 질문 내용을 외우려기보다는 새로 사귄 친구에게 자신에 대해서 설명한다는 마음으로 편하게 얘기하면 된다. 대화는 자연히 서로를 알아가는 시간이 되는 것처럼, 챗GPT에게 말하듯 질문을 구체적으로 하다보면 자연히 좋은 답변을 얻을 수 있다. 첫 대화를 시작하면서는 명령을 한다는 생각보다는 나에 대해 모르는 이에게 자기소개를 한다는 느낌으로 편하게 설명하면 된다.

나쁜 메시지 vs 좋은 메시지

이제, 여러 예시를 보면서 좋은 메시지를 알아보자.

나쁜 메시지 예시

"안녕" - 너무 간단해서 의미 있는 대화로 이어지기 어렵다.
"뭘 할 수 있어?" - 너무 막연해서 표면적인 대답만 들을 수 있다.
"테스트해볼게" - 목적이 불분명해서 방향성 있는 대화가 어렵다.
"마케팅에 대해서 알려줘" - 너무 광범위한 질문으로 구체적인 답변이 나오기 힘들다.

좋은 메시지 예시

"저는 중소기업의 인사담당자야. 직원 교육 프로그램을 기획하는 데 도움을 받고 싶어. 어떤 방식으로 협력할 수 있을까?"
"대학생인데 논문 작성을 앞두고 있어. 자료 조사와 개요 작성에 도움을 받을 수 있는지 궁금해."
"온라인 쇼핑몰을 운영하고 있는데, 상품 설명문과 마케팅 문구 작성에 어려움을 겪고 있어. 구체적인 도움을 받을 수 있을까?"
위의 좋은 메시지 예시들은 모두 자신을 소개하는 내용으로 시작하고 있다. 구체적인 상황과 명확한 목적을 포함하고 있어서 챗GPT가 맞춤형 조언을 제공할 수 있다. 도움 받고자 하는 일을 말하기 전 '자신이 하는 일'에 대한 설명을 쓰면 좋다. 원하는 결과로 대화범위를 좁혀주기 때문이다.

후속 질문으로 대화를 깊게 발전시키기

첫 응답을 받았다면 이제 대화를 더 깊이 있게 발전시켜보자. 일반적인 조언에서 구체적인 실행 방안으로, 이론적인 설명에서 실제 적용 사례로 대화를 이끌어가는 것이 중요하다.

예를 들어 챗GPT의 답변 중 '짧지만 브랜드 아이덴티티를 담는 것이 핵심'이라는 내용이 더 궁금하다면, 다음과 같이 후속 질문을 할 수 있다 "'짧지만 브랜드 아이덴티티를 담는 것이 핵심' 부분에 관심이 있어. 인스타그램용 카드뉴스를 제작해야 하는데, 어떤 식으로 도움을 받을 수 있을까? 구체적인 예시를 보여주실 수 있어?"

아주 좋은 포인트를 짚으셨어요!
짧지만 브랜드 아이덴티티를 담는 카드뉴스는 중소기업 입장에서 브랜드 인지도와 신뢰도를 동시에 쌓는데 탁월한 포맷입니다.

🎯 카드뉴스에 브랜드 아이덴티티를 담는 핵심 포인트

1. 일관된 톤앤매너: 말투, 색상, 폰트, 이미지 스타일
2. 브랜드 메시지 반복 노출: 슬로건, 핵심 가치, 대표 제품/서비스
3. 짧고 명확한 정보 전달: 핵심 키워드 중심
4. 고객 중심 관점: '우리 제품 자랑'이 아니라 '고객 문제 해결' 중심

📋 인스타그램 카드뉴스 예시 (5장 구성)

가정
- 브랜드: 친환경 생활용품 브랜드
- 타깃: 20~30대 여성
- 핵심 메시지: "예쁜데 친환경"

이렇게 질문하면, 이전 답변에서는 볼 수 없었던 좀 더 구체적인 답변을 얻을 수 있다. 또한, 새로운 답변 내용 중 좀 더 구체적인 답변을 얻고 싶은 내용이 있다면, 친구에게 물어보듯 다시 한번 물어보면 된다. 그렇게 질문이 이어질수록 깊이 있는 답변을 얻을 수 있다. 한 번에 원하는 답변이 나오지 않는다고 실망하지 말고 계속해서 질문을 이어가보자. 계속 질문을 이어가다보면, 언젠가는 원하는 답변을 들을 수 있을 것이다.

Tip : "", ' ', [ ] 와 같이 따옴표나 괄호 등을 사용하면, 특정 부분을 다른 글과 구분해서, 챗GPT의 이해를 도울 수 있다.

서로 알아가기 연습

처음에는 자신이 하는 실제 업무나 관심사와 연결된 질문이나 당장 해결하고 싶은 문제나 궁금한 것들을 직접 물어보자. 자신이 잘 아는 분야에 대한 챗GPT의 답변을 보면서 챗GPT의 답변 방식을 알아가는 것도 좋다. 마치 처음 사귄 친구의 행동을 보며 서로 알아가는 시간을 갖는 것처럼 말이다.

학생이라면 현재 공부하고 있는 과목의 어려운 개념에 대해 질문해보자. 직장인이라면 현재 진행 중인 프로젝트나 고민하고 있는 업무 이슈에 대해 조언을 구해보자. 창업을 준비하고 있다면 사업 아이디어나 계획에 대한 피드백을 요청해보자.

첫 대화에서 피해야 할 함정들

챗GPT는 정말 많은 것을 할 수 있지만, 그렇다고 만능은 아니다. 분명 한계가 있고, 틀린 답을 할 때도 있다. 이런 챗GPT의 한계와 모순을 찾는 건 아무런 도움이 되지 않는다. 좋은 툴을 앞에 두고 얼마나 세게 때려야 부서지는지 알아보는 과오는 범하지 말자.

함정 1: 잘못된 답변을 찾아내기
챗GPT의 한계를 테스트하려고 매우 복잡하거나 전문적인 문제부터 던지는 것은, 마술을 즐기지 못하고 트릭만 찾으려는 사람과 같다. 잘못된 점을 찾기보단, 좋은 도구를 현명하게 이용하려는 마음으로 사용하자.

함정 2: 일회성 질문만 하기
단발성 질문만 하고 대화를 끝내면 챗GPT의 진정한 가치를 파악하기 어렵다. 대화를 이어가면서 점차 깊이 있는 논의로 발전시켜 보자.

함정 3: 정답만 요구하기
아무리 똑똑한 사람도 틀린 대답을 하듯, 챗GPT도 틀린 대답을 한다. 오히려 아이디어 제안자, 토론 상대, 창작 파트너로 활용하자. 컨설팅 비용도 받지 않는 챗GPT에게 감사하며 대화하자.

함정 4: 비현실적인 기대하기
챗GPT가 모든 것을 완벽하게 해결해줄 것이라는 비현실적인 기대를 가지면 실망하게 된다. AI의 한계를 인정하고 보조 도구로 활용한다는 마음가짐이 중요하다.

성공적인 대화를 위한 기본 패턴
사람이든 챗GPT든 성공적인 첫 대화를 만드는 공통적인 패턴이 있다.

1단계: 자기소개와 목적 제시
자신이 누구인지, 무엇을 원하는지 명확히 소개한다.

2단계: 구체적인 상황 설명

추상적인 질문보다는 구체적인 상황이나 문제를 제시한다.

3단계: 응답 확인과 후속 질문

첫 응답을 확인하고, 궁금한 부분은 다시 한번 구체적 질문한다.

4단계: 실제 적용 가능성 검토

답변 내용이 실제로 적용 가능한지 확인하고, 필요하면 수정을 요청한다.

5단계: 다음 단계 계획

답변 내용을 실천하고, 앞으로 어떤 방식으로 활용할지 계획한다.

첫 대화를 성공적으로 마쳤다면, 대화 내용을 어떻게 정리할지 생각해보는 것이 좋다. 필자는 노션으로 정리하는 방법을 주로 쓴다. 그 외에도 구글이나 애플 등의 메모장을 쓰거나, word에 정리할 수도 있다. 또는 채팅 기록의 '이름 바꾸기'를 통해 나중에 찾기 쉬운 이름으로 바꾸는 방법도 있다.

그리고 이제 이렇게 유용한 챗GPT를 어떻게 사용할지, 활용할 분야들을 계획하는 것도 좋다. 제2의 두뇌라고까지 불리는 챗GPT를 일회성 사용으로 끝내지 말고, 꾸준히 활용할 수 있는 방안을 생각해보자.

1-4
유료 플랜 vs 무료 플랜 선택하기

유료 플랜을 써야 할까?

챗GPT를 처음 사용하는 사람들이 가장 고민하는 것 중 하나가 바로 유료 플랜 구독 여부다. "무료로도 충분하지 않을까?"라는 생각과 "유료가 확실히 더 좋을 텐데"라는 생각 사이에서 망설이게 된다. 하지만 이 선택은 단순히 비용의 문제가 아니다. 어떤 플랜을 선택하느냐에 따라 챗GPT 활용의 깊이와 범위가 완전히 달라지기 때문이다.

가장 현명한 접근 방법은 단계적 활용이다. 먼저 무료 플랜으로 1-2주간 적극적으로 사용해보자. 이 기간 동안 챗GPT가 자신의 업무나 생활에 얼마나 유용한지 확인할 수 있다. 만약 사용 한도에 자주 걸리거나, 더 정교한 결과가 필요하다고 느끼면 유료 플랜으로 전환하자. 반대로 가끔씩만 사용하게 되거나 간단한 기능만 필요하다면 무료 플랜을 계속 사용해도 된다. 처음부터 사용해보지도 않고 유료 플랜을 구매하는 것은 운동은 하지 않으면서 헬스장 이용권을 구매하는 것과 같다.

무료 플랜의 현실적 한계

무료 플랜으로도 간단한 질문과 답변, 기초적인 텍스트 생성, 번역 등의 기능은 충분히 활용할 수 있다. 하지만 하루에 사용할 수 있는 메시지 수가 제한되어 있어서, 조금만 적극적으로 사용해도 "오늘의 한도를 초과했습니다."라는 메시지를 보게 된다.

특히 복잡한 업무를 처리하거나 긴 문서를 분석할 때 이 한계가 두드러진다. 예를 들어 10페이지 분량의 보고서를 요약하려고 하면, 여러 번에 나누어 질문해야 하는데 중간에 사용 한도가 끝나버리는 경우가 빈번하다.

유료 플랜의 실질적 혜택

유료 플랜의 가장 큰 장점은 사용 제한의 해제다. 하루 종일 자유롭게 사용할 수 있어서 업무나 학습에 집중적으로 활용할 수 있다. 또한 맞춤형 채팅 서비스인 GPTs, Sora 영상 생성 서비스는 유료 플랜에서만 가능하다.

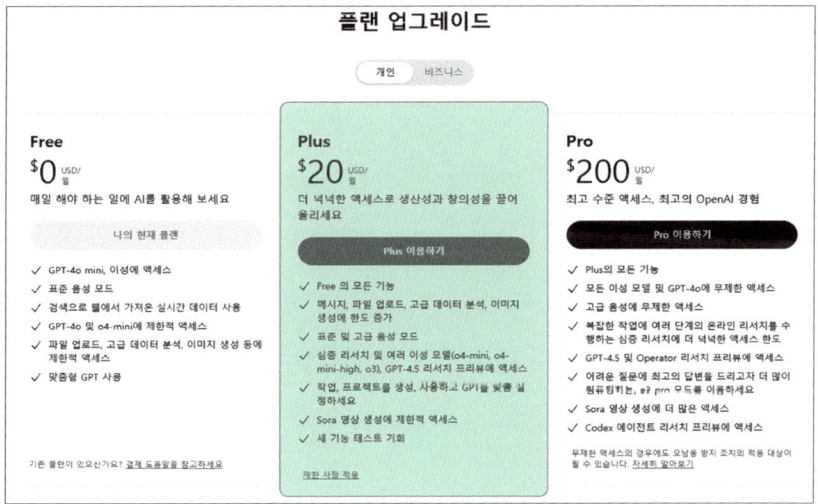

유료 플랜 결정을 위한 자가 진단

다음 질문들에 답해보면서 자신에게 맞는 플랜을 선택해보자.

1. 챗GPT를 얼마나 자주 사용할 예정인가? (주 1-2회 vs 거의 매일)
2. 주로 어떤 용도로 사용할 것인가? (간단한 질문 vs 복잡한 업무)
3. 고급 기능 (반복 업무, 이미지 생성, 영상 생성, 전문 보고서 작성)이 필요한가?
4. 월 약 26,000원의 구독료가 부담스러운가?
5. 업무나 학습에서 시간 절약의 가치를 인정하는가?

이 질문들에 대한 답변을 종합해 보면 자신에게 맞는 플랜을 선택할 수 있다.

2-1 좋은 프롬프트 작성하는 5가지 원칙

2-2 SCORE 구조: 5단계로 완성하는 질문법

2-3 최적의 프롬프트를 뽑는 매직 질문법

2-4 역할 부여하기

2-5 단계별 질문으로 정확한 답변 얻기

2-6 조건을 걸고 창의적으로 질문하기

2-7 대화 이어가기와 수정하기

2장

챗GPT와 대화하는 기술

2-1
좋은 프롬프트 작성하는 5가지 원칙

프롬프트가 결과를 결정한다

챗GPT를 사용할 때 가장 중요한 것은 바로 프롬프트 작성 능력이다. 같은 내용을 요청하더라도 어떻게 질문하느냐에 따라 결과의 품질은 천차만별이다. 챗GPT는 사람과 비슷하다. 친구에게 "여자친구랑 뭐 먹을까?"라고 물으면 "맛난거 먹어"라는 답이 돌아오겠지만, "매운 걸 좋아하는 20대 여자친구와 데이트할 건데, 홍대 근처에서 5만원 예산으로 저녁 먹을 곳 추천해줘"라고 하면 구체적인 식당 3곳을 추천해 줄 것이다. 챗GPT도 마찬가지다. 맥락이 있는 질문에는 맥락이 있는 답변을, 구체적인 질문에는 구체적인 답변을 준다. "보고서 써줘"라고 막연하게 요청하는 것과 "마케팅팀 월간 성과 보고서를 임원진 대상으로 작성해줘. 목표 대비 달성률, 주요 성과 지표, 문제점 및 개선 방안 순서로 구성하고 각 항목마다 구체적인 데이터를 포함해줘"라고 구체적으로 요청하는 것은 완전히 다른 결과를 가져온다. 좋은 프롬프트란 단순히 정보를 요청하는 것이 아니라, 챗GPT를 나의 비서이자 파트너로 만드는 질문이다.

원칙 1: 구체성 - 명확하고 세부적으로 요청하라

좋은 프롬프트의 가장 중요한 특징은 구체성이다. 모호한 요청은 모호한 답변을 낳는다. 아무리 글을 잘 쓰는 사람이라도 "블로그용 글 써주세요" 라고 요청하면, 어떤 글이 필요하냐고 되물을 것이다. 챗GPT도 그렇다. 원하는 것을 정확히 표현해야 좋은 답변을 얻을 수 있다.

나쁜 예시들
"블로그용 글써줘", "번역해줘", "분석해줘", "도움이 필요해"

좋은 예시들
- "30대 직장 여성을 대상으로 한 시간 관리 블로그 포스트를 1500자로 작성해줘. 실무에 바로 적용할 수 있는 구체적인 팁 5가지를 포함하고, 친근하면서도 전문적인 톤으로 써줘"
- "다음 영어 계약서를 한국어로 번역해줘. 법률 용어는 정확한 한국 법률 용어로 맞춰주고, 의미가 모호한 부분은 별도로 표시해줘"
- "지난 분기 매출 데이터를 분석해서 감소 원인을 찾아줘. 전년 동기 대비 비교, 제품별 성과 분석, 시장 환경 변화 영향을 포함해서 보고서 형태로 정리해줘"

구체성을 높이는 방법은 다음과 같다.
첫째, 5W1H를 활용한다. Who(누구를 위한), What(무엇을), When(언제까지), Where(어떤 상황에서), Why(왜 필요한지), How(어떤 방식으로)를 명확히 한다.

둘째, 결과물의 형태를 지정한다. "보고서", "이메일", "리스트", "단계별 가이드" 등 원하는 형태를 구체적으로 명시한다.

셋째, 분량과 스타일을 지정한다. "1000자 내외", "5개 항목", "전문적인 톤", "친근한 말투" 등 세부 요구사항을 포함한다.

원칙 2: 맥락 제공 - 배경 정보를 충분히 설명하라

챗GPT가 최적의 답변을 제공하려면 상황을 이해해야 한다. 당신이 누구인지, 어떤 상황인지에 대한 맥락 정보가 풍부할수록 더 적절한 답변을 받을 수 있다. 참고로 존댓말로 물어봐도 된다.

"저는 중소기업의 마케팅 담당자입니다. 우리 회사는 B2B 소프트웨어를 개발하는 스타트업이고, 주 고객층은 중소기업의 인사팀입니다. 현재 신제품 출시를 앞두고 있는데..." 또는 "현재 우리 팀은 프로젝트 지연으로 인해 일정이 촉박한 상황이고, 예산도 초과할 위험이 있습니다."라는 식으로 배경을 먼저 설명하면, 챗GPT는 배경을 고려한 현실적인 해결책을 제시한다.

목적과 목표를 명확히 해도 좋다. "이 보고서는 투자자 미팅에서 사용할 예정이고, 우리 회사의 성장 가능성을 어필하는 것이 목적입니다"라는 식으로 최종 목표를 공유한다.

또는 제약 조건도 미리 알려주자. "예산은 500만원 이하", "2주 내에 완료해야 함", "외부 업체 이용 불가" 등의 제약이 있다면 처음부터 명시한다.

원칙 3: 단계별 요청 - 복잡한 작업을 나누어 진행하라

복잡한 작업을 한 번에 요청하면 챗GPT도 혼란스러워할 수 있다. 대신 논리적인 순서로 단계를 나누어 질문하면, 훨씬 좋은 결과를 얻을 수 있다.

1단계: "우선 우리 회사의 온라인 마케팅 현황을 분석해줘. 웹사이트 트래픽, SNS 팔로워, 이메일 구독자 수 등의 데이터를 바탕으로 현재 상태를 평가해줘"

2단계: "분석 결과를 바탕으로 개선이 필요한 영역 3가지를 우선순위별로 정리해줘"

3단계: "1순위 개선 영역에 대한 구체적인 실행 계획을 세워줘. 타임라인, 필요 리소스, 예상 효과를 포함해줘."

이런 식으로 진행하면 각 단계에서 결과를 확인하고 필요에 따라 방향을 조정할 수 있다. 또한 중간에 추가 질문이나 수정 요청도 쉽게 할 수 있다.

원칙 4: 예시 활용 - 원하는 형태를 구체적으로 보여주라

챗GPT는 추상적인 '느낌'을 그대로 읽어내는 데 한계가 있다. 그래서 원하는 최종 결과물의 샘플을 제시하면, 챗GPT는 그것을 기준 삼아 문체·구조·분량을 맞춘다. 좋은 답변을 얻으려면 구체적인 모델링이 훨씬 효과적이다. 다음은 모델링의 예시이다. "아래 예시처럼 4문단으로 작성해줘. 첫 문단은 성장 배경, 두 번째는 성격상 장점, 세 번째는 경험, 마지막은 포부를 담아줘."라고 쓴 다음 간단한 예시 글을 써보자. 분명 비슷한 답변을 얻을 수 있을 것이다.

원칙 5: 피드백과 개선 - 결과를 확인하고 지속적으로 개선하라

첫 번째 답변이 완벽하지 않더라도 실망하지 말자. 피드백을 통해 구체적인 수정을 요청하자. "더 전문적으로 써줘"보다는 "경영진이 읽을 것을 고려해서 데이터 기반의 객관적인 표현으로 수정해줘"라고 구체적으로 요청한다.

또는 부분별 피드백을 제공한다. "서론은 좋은데 본론 부분을 더 구체적으로 써줘" 또는 "2번째 항목만 다른 관점에서 다시 써줘"처럼 세부적으로 요청한다.

추가 요구사항을 점진적으로 추가해도 좋다. "여기에 실제 사례 3가지를 추가해줘" 또는 "각 항목마다 실행 시 주의사항을 넣어줘"처럼 내용을 보강한다.

대안을 요청할 수도 있다. "같은 내용을 다른 방식으로도 표현해줘" 또는 "이보다 더 창의적인 접근법은 없을까?"라고 물어본다.

실전 프롬프트 작성 실습

이론을 실제로 적용해보자. 다음은 5가지 원칙을 모두 적용한 프롬프트 예시다:

상황: 신입사원 교육 프로그램 기획이 필요한 경우

"나는 중견 제조업체의 인사팀 과장이야. (맥락 제공) 다음 달 입사 예정인 신입사원 15명을 위한 2주간의 교육 프로그램을 기획해야 해. (구체성)

현재 상황 (맥락-배경 설명)
- 신입사원 구성: 영업 5명, 생산관리 4명, 기획 3명, 연구개발 3명
- 예산: 1인당 50만원

- 기간: 2주 (10일간)
- 목표: 회사 적응도 향상, 직무 기초 역량 강화, 팀워크 형성

1단계로 전체 교육 프로그램의 개요를 만들어줘. (단계별 요청)
- 일차별 주제와 목표 (맥락-목표)
- 직무별 차별화 방안
- 예산 배분 계획

참고할 형식: (예시 활용)
Day 1: [주제] - [목표] - [진행 방식] - [소요 예산]
기존 딱딱한 강의식 교육은 피하고, 참여형이고 실무에 바로 적용할 수 있는 형태로 구성해줘."

이렇게 좋은 프롬프트는 챗GPT가 상황을 정확히 이해하고 실용적인 답변을 제공할 수 있게 해준다.

Tip : 자주 하는 실수들과 개선 방법

실수 1: 너무 짧은 프롬프트
"PPT 만들어줘" → "신제품 소개용 PPT를 고객 미팅에서 사용할 예정입니다. 제품 특징, 경쟁사 비교, 가격 정책 순서로 15장 분량으로 구성해줘"

실수 2: 여러 요청을 한 번에
"보고서도 써주고 이메일도 써주고 프레젠테이션도 만들어줘" → 각각을 별도의 요청으로 분리해서 순서대로 진행

실수 3: 불가능한 요청
"내일 주식 가격 예측해줘" → "현재 시장 상황을 분석해서 투자 시 고려해야 할 요소들을 정리해줘"

좋은 프롬프트 작성은 연습을 통해 늘 수 있는 기술이다. 처음에는 번거롭게 느껴질 수 있지만, 습관이 되면 자연스럽게 구체적이고 효과적인 요청을 할 수 있게 된다.

2-2

SCORE 구조: 5단계로 완성하는 질문법

아직도 어떻게 질문해야 할지 모르겠다면 아래의 공식을 외워보자. 바로 좋은 질문을 만드는 공식인 SCORE 구조이다.

- S (Situation): 지금 내가 처한 상황
- C (Context): 조건과 배경 정보
- O (Objective): 원하는 결과
- R (Requirement): 형식과 조건
- E (Expectation): 추가 요청사항

S (Situation) - 상황 설명하기

먼저 지금 내가 무엇을 하고 있는지, 어떤 일이 일어났는지를 간단히 설명한다. 이는 챗GPT가 전체적인 맥락을 파악할 수 있게 해준다.

나쁜 예: "블로그 제목 만들어줘."

좋은 예: "나는 지금 개인 블로그에 올릴 콘텐츠를 만들려고 해."

상황을 덧붙이면 챗GPT는 '아, 이 사람이 블로거구나. 개인적인 글을 쓰는구나.' 라고 이해하게 된다. 이 짧은 설명으로 답변의 방향은 달라진다.

C (Context) - 배경과 조건 설명하기

다음으로는 대상 독자, 제약 사항, 환경 등을 설명한다. 이런 정보가 있어야 챗GPT가 적절한 수준과 톤의 답변을 줄 수 있다.

예: "주 독자층은 직장 생활 5년 차 정도의 20대 후반~30대 초반이고, 주로 커리어 고민이나 자기계발에 관심이 많아."

이제 챗GPT는 대학생을 위한 답변이 아니라 직장인을 위한 답변을 준비하게 된다. 어휘 선택부터 예시까지 모든 것이 달라진다.

O (Objective) - 원하는 결과 명시하기

이제 구체적으로 무엇을 원하는지 말한다. 정보 검색인지, 창작 도움인지, 분석인지를 명확히 해야 한다.

예: "직장인들의 관심을 끌 수 있는 블로그 글 제목 3개를 만들고 싶어."

'제목을 만들어 달라'는 요청이지만, 단순히 제목만이 아니라 '관심을 끌 수 있는 제목' 이라는 목적이 분명해졌다. 챗GPT는 이제 평범한 제목이 아니라 클릭을 유도하는 제목을 고민할 것이다.

R (Requirement) - 형식과 조건 지정하기

이제 원하는 답변의 형태를 구체적으로 설명한다. 길이, 톤, 스타일, 형식 등을 명시한다.

예: "각 제목은 15자 내외로, 너무 자극적이지 않으면서도 호기심을 자극하는 느낌이면 좋겠어."

이제 챗GPT는 긴 제목도, 짧은 제목도 아닌 정확히 15자 내외의 제목을 만들 것이다. 그리고 "직장인 여러분 주목!" 같은 자극적인 표현 대신 세련된 호기심 유발 제목을 고민할 것이다.

E (Expectation) - 추가 요청사항
마지막으로 부가적인 요청이나 피하고 싶은 것들을 말한다. 이는 답변의 완성도를 높여준다.

완성된 질문
"나는 지금 개인 블로그에 올릴 콘텐츠를 준비하고 있어. 주 독자층은 직장 생활 5년 차 정도의 20대 후반~30대 초반이고, 주로 커리어 고민이나 자기계발에 관심이 많아. 직장인들의 관심을 끌 수 있는 블로그 글 제목 3개를 만들고 싶어. 각 제목은 15자 내외로, 너무 자극적이지 않으면서도 호기심을 자극하는 느낌이면 좋겠어. 각 제목마다 왜 그런 제목을 추천하는지 간단한 이유도 함께 설명해줘."

SCORE 구조 적용
질문: "나는 해외 취업을 목표로 하는 개발자야. S (Situation: 상황) TOEIC 700점 수준이지만 실제 업무용 영어 회화가 부족해. C (Context: 배경) 6개월 안에 화상 면접을 볼 수 있을 정도의 비즈니스 영어 실력을 만들고 싶어. 하루 1시간 정도 투자할 수 있고, 앱이나 온라인 강의 활용도 가능해. 단계별 학습 계획을 표 형태로 정리해서 매주 체크할 수 있는 목표도 함께 제시해줘."

그러면 다음과 같은 답변을 얻을 수 있다.

6개월 영어회화 학습 계획표			
	주차	학습 단계	주간 목표
1	1주차	1단계: 기초 업무 표현 익히기	기본 인사와 자기소개 표현 암기
2	2주차	1단계: 기초 업무 표현 익히기	직무 관련 기초 표현(프로그래밍, 회의 등) 익히기
3	3주차	1단계: 기초 업무 표현 익히기	이메일/메신저에서 자주 쓰는 문장 암기
4	4주차	1단계: 기초 업무 표현 익히기	간단한 질문/답변 패턴 말하기 연습
	5주차	2단계: 실무 회화 패턴	화상 회의 시

아래에 6개월 동안 매주 확인하며 따라갈 수 있는 **비즈니스 영어 회화 학습 계획표**를 정리해드렸습니다. 각 주차마다 단계별 목표가 구체적으로 제시되어 있어, 실제 화상 면접을 대비하는 데 효과적으로 활용하실 수 있습니다.

지금 표시된 표를 바탕으로 매주 진행 상황을 점검하시고, 원하시면 앱/교재/유튜브 채널 추천도 함께 드릴 수 있습니다. 도움이 더 필요하시면 언제든지 말씀해 주세요.

차이가 보이는가? 같은 챗GPT지만 질문의 질에 따라 답변의 수준이 완전히 달라진다.

지금 바로 연습해보기

당신이 챗GPT에게 물어보고 싶었던 질문이 있다면, SCORE 구조에 맞춰 다시 써보자.

1. **S (상황)**: 지금 나는 무엇을 하고 있는가?
2. **C (배경)**: 대상은 누구이고, 어떤 조건이 있는가?
3. **O (목표)**: 정확히 어떤 결과를 원하는가?
4. **R (조건)**: 어떤 형식과 스타일을 원하는가?
5. **E (기대)**: 추가로 바라는 것이나 피하고 싶은 것은?

이 5단계를 거치면, 당신의 질문은 단순한 '정보 요청'에서 '문제 해결 요청'으로 바뀐다. 그리고 챗GPT는 더 이상 검색 엔진이 아니라 당신만의 전문 컨설턴트가 될 것이다.

언제나 그렇듯 좋은 질문이 좋은 답을 만든다. 그리고 좋은 답이 당신의 문제를 해결할 열쇠가 된다.

2-3
최적의 프롬프트를 뽑는 매직 질문법

챗GPT를 조금 배운 사람이 질문을 할 때면 어떻게 더 좋은 프롬프트를 쓸 수 있을까 고민하게 된다. 하지만 이런 고민을 할 필요 없이 좋은 프롬프트를 만드는 간단한 방법이 있다. 그것은 바로 챗GPT에게 좋은 프롬프트 작성법 자체를 물어보는 것이다.

이렇게 질문해보자. "어떻게 질문해야 좋은 답을 받을 수 있을까?" 이 방법이 바로 모든 질문에 통하는 매직 질문법이다. 그러면 챗GPT는 프롬프트 작성법까지도 알려준다. 그러니 좋은 프롬프트를 생각하느라 고민하기보다는 프롬프트 작성법을 챗GPT에게 직접 물어보자.

같이 생각해보자는 마법의 말

"같이 생각해보자"라는 말에는 특별한 힘이 있다. 이 말을 들으면 챗GPT는 단순히 답을 제공하는 것이 아니라 함께 문제를 풀어가는 파트너가 된다. 예를 들어 "새로운 사업 아이디어가 필요해. 같이 생각해보자"

라고 하면 챗GPT는 "좋아요! 새로운 사업 아이디어를 함께 만들어보려면, 먼저 아래 3가지 질문 중에서 방향을 정해보면 더 명확하게 진행할 수 있어요."라고 답하면서 체계적으로 접근한다.

도와줘라고 솔직하게 말하자

"도와줘"라는 말도 마법 같은 효과가 있다. 이 말을 들으면 챗GPT는 더 친근하고 적극적으로 답변한다. "프레젠테이션 준비하는데 도와줘."라고 하면 "프레젠테이션 준비를 효과적으로 도와드리기 위해 몇 가지 확인하고 싶은 것이 있습니다."라고 답하면서 필요한 정보를 차근차근 물어본다.

이때 챗GPT가 던지는 질문들은 정말 유용하다. "어떤 주제의 프레젠테이션인가요?", "청중은 누구인가요?", "발표 시간은 얼마나 되나요?", "어떤 결과를 원하시나요?" 같은 질문들을 통해 우리가 놓쳤던 부분들을 짚어준다. 이런 질문들에 답하다 보면 자연스럽게 프레젠테이션의 방향이 명확해진다.

네가 좋은 답변을 할 수 있는 질문들을 알려줘

이 질문은 정말 강력하다. 챗GPT에게 "내가 마케팅 전략을 세우는 데 도움을 받고 싶어. 네가 좋은 답변을 할 수 있는 질문들을 알려줘"라고 하면 놀라운 답변을 받을 수 있다. 챗GPT는 자신이 어떤 질문에 잘 답할 수 있는지 정확히 알고 있기 때문이다.

실제로 해보면 이런 식으로 답변한다. "정확하고 효과적인 마케팅 전략을 만들기 위해, 당신이 스스로 또는 나에게 던질 수 있는 질문들을 아래 5가지 카테고리로 정리해 드릴게요. 이 질문들을 차근히 생각해 보면 전략의 뼈대가 자연스럽게 완성됩니다." 이렇게 5가지 카테고리에 대한 질문 리스트를 제공해준다.

단계별로 접근하는 방법

매직 질문법을 사용할 때는 단계별로 접근하는 것이 좋다. 처음에는 "내가 ○○에 대해 도움을 받고 싶어. 어떤 정보가 필요할까?"라고 물어본다. 그러면 챗GPT가 필요한 정보들을 정리해준다. 그 다음에 "이 정보들을 바탕으로 어떤 질문을 해야 좋은 답을 받을 수 있을까?"라고 물어본다.

예를 들어 이력서 작성 도움을 받고 싶다면 이렇게 접근해보자. "이력서 작성하는데 도움이 필요해. 먼저 어떤 정보가 필요할까?" 그러면 챗GPT가 "이력서 작성을 도와드리기 위해, 아래와 같은 핵심 정보들을 먼저 알려주시면 맞춤형으로 도와드릴 수 있습니다. 이 정보들을 기반으로 구조를 잡고, 문장을 다듬거나 강점이 드러나는 방식으로 작성해드릴 수 있어요."라고 답하며, 그 다음에 "기본 정보 / 핵심 내용 / 강조하고 싶은 포인트 / 예시질문"까지 어떤 질문을 해야 매력적인 이력서를 만들 수 있는지 알려준다.

구체적인 매직 질문 예시들

실제로 사용할 수 있는 매직 질문들을 몇 가지 알아보자.

문제 해결이 필요할 때: "○○ 문제를 해결하고 싶어. 같이 생각해보자.

어떤 관점에서 접근하면 좋을까?"
학습이 필요할 때: "○○를 배우고 싶어. 네가 효과적으로 학습할 수 있는 방법을 알려줘."
계획 수립이 필요할 때: "계획을 세우는데 도움이 필요해. 어떤 질문들을 통해 구체적인 계획을 만들 수 있을까?"
창작이 필요할 때: "○○를 창작하고 싶어. 네가 창의적인 아이디어를 제공하기 위해 어떤 정보가 필요할까?"

왜 이 방법이 효과적일까?

매직 질문법이 효과적인 이유는 간단하다. 우리는 종종 무엇을 물어야 할지조차 모를 때가 있기 때문이다. 특히 새로운 분야나 복잡한 문제에 대해서는 더욱 그렇다. 챗GPT는 답을 잘하지만 좋은 질문을 하는 법도 잘 알고 있다. 우리는 물어보기만 하면 된다. "어떻게 질문해야 할까?"

예를 들어 투자 상담을 받고 싶은데 투자에 대해 잘 모르는 사람이라면 "투자 상담을 받고 싶어. 네가 도움이 되는 조언을 하기 위해 어떤 질문들을 해야 할까?"라고 물어보자. 그러면 "투자 목표, 위험 감수 능력, 투자 가능 금액, 투자 기간, 투자 경험" 등 전문가가 묻는 질문들을 제시해준다.

대화를 이어가는 방법

매직 질문법을 사용한 후에는 대화를 계속 이어가는 것이 중요하다. 챗GPT가 제시한 질문들에 답한 후에는 "이 정보들을 바탕으로 이제 구체적인 방안을 제시해줘"라고 요청할 수 있다. 또는 "이 중에서 가장 중요한 것부터 순서대로 알려줘"라고 할 수도 있다.

만약 답변이 만족스럽지 않다면 "다른 관점에서 접근해보자"라고 하거나 "더 구체적인 예시를 들어서 설명해줘"라고 요청할 수 있다. 이렇게 대화를 이어가면서 점점 더 정확하고 유용한 답변을 받을 수 있다.

실전 활용 시나리오

온라인 쇼핑몰을 시작하려는 사람이 있다고 해보자. 보통은 "온라인 쇼핑몰 어떻게 시작해?"라고 물어볼 것이다. 하지만 매직 질문법을 사용하면 접근법이 달라진다.

"○○상품을 판매하는 온라인 쇼핑몰을 시작하고 싶어. 같이 생각해보자. 성공적인 온라인 쇼핑몰을 만들기 위해 어떤 질문들을 해야 할까?" 그러면 챗GPT가 이런 식으로 답변한다. "고객 타켓팅 / 차별화 전략 / 마케팅 전략 / 운영과 수익" 등 어떤 질문을 해야 하는지 자세히 알려준다. 온라인 쇼핑몰 관련 핵심 질문들을 제안해준다.

이 질문들에 답하면서 자연스럽게 사업 계획이 구체화된다. 그리고 각 질문에 대한 답변을 바탕으로 더 세부적인 조언을 받을 수 있다.

질문: 챗GPT 전자책 상품을 판매하는 온라인 쇼핑몰을 시작하고 싶어. 같이 생각해보자. 성공적인 온라인 쇼핑몰을 만들기 위해 어떤 질문들을 해야 할까?

챗GPT: 좋은 아이디어입니다. 챗GPT 관련 전자책 상품은 정보에 민감한 소비자들에게 실용적인 가치를 줄 수 있어, 잘 기획하고 운영하면 충분히 성공 가능성이 있는 분야입니다. 이 사업을 구체화하기 위해 아래와 같은 핵심 질문들을 단계별로 고민해보시기를 권장드립니다.

1. ◎ 고객과 시장에 대한 질문
왜 사람들이 내 전자책을 사야 하는가?
- 챗GPT 전자책을 필요한 사람은 누구인가요? (예: 40~50대 일반 사용자, 직장인, 강사, 작가 등)
- 그들은 챗GPT를 왜 사용하고 싶어 하나요? 어떤 어려움을 겪고 있나요?
- 이미 비슷한 정보를 유튜브, 블로그에서 접할 수 있는데도 돈을 내고 전자책을 사야 하는 이유는 무엇인가요?

☞ 예시 질문:
"직장인이 챗GPT 전자책에서 기대하는 핵심 내용은 무엇일까?"
"무료 정보와 차별화되는 강력한 구매 동기는 무엇일까?"

2. ▥ 제품 구성과 콘텐츠 전략
어떤 전자책을 어떻게 만들 것인가?
- 주제는 어떻게 나눌 것인가요? (예: 직장인용, 블로거용, 교육자용, 시니어용 등 세분화)
- 형식은 어떻게 할 것인가요? (PDF, epub, 노션 링크형, 템플릿 포함 등)
- 한 권의 전자책으로 끝낼 것인가, 시리즈로 확장할 것인가?

☞ 예시 질문:
- "선사책 하나로 끝날까, 아니면 구독형 또는 시리즈형 구조가 좋을까?"

- "실전 프롬프트 중심인가, 개념 가이드 중심인가?"

3. ◆ 판매 전략과 플랫폼 운영

- 어디에서 어떻게 팔 것인가?
- 어떤 플랫폼을 사용할 것인가요? (자체 쇼핑몰 vs 스마트스토어 vs 크몽/탈잉 등 외부 플랫폼)
- 다운로드 방식은 어떻게 설계할 것인가요? (자동 전송, 이메일 수신, 링크 제공 등)
- 정가와 할인, 번들 구성 전략은 어떻게 할 것인가요?

☞ 예시 질문:

- "고객이 결제 후 1분 안에 전자책을 받을 수 있는 구조를 어떻게 만들까?"

(중략)

정리: 전략 수립을 위한 핵심 질문 리스트

구분	핵심 질문
고객	누가 왜 돈을 내고 전자책을 사는가?
제품	어떤 내용을 어떤 포맷으로 전달할 것인가?
판매	어디에서 어떤 구조로 팔 것인가?
마케팅	고객이 어디서, 어떻게 나를 발견하게 할 것인가?
수익화	어떻게 재구매와 확장을 유도할 것인가?

이 중에서 특히 더 깊이 다뤄보고 싶은 항목이 있으실까요? 예를 들어, "타깃 고객 세분화를 먼저 하고 싶다" 또는 "콘텐츠 구성 전략을 구체화하고 싶다" 등으로 말씀 주시면 그에 맞춰 상세히 도와드리겠습니다.

이렇게 매직 질문법을 사용하면 챗GPT를 단순한 질문-답변 도구가 아닌 진짜 사고 파트너로 활용할 수 있게 된다. 처음에는 어색하겠지만 몇 번 사용해보면 그 효과에 놀라게 될 것이다.

2-4

역할 부여하기

역할이 답변의 질과 관점을 결정한다

챗GPT에게 단순히 질문하는 것과 특정 역할을 부여해서 질문하는 것은 완전히 다른 결과를 가져온다. "이 계약서를 검토해줘"라고 막연하게 요청하는 것과 "너는 20년 경력의 기업 법무 전문가야. 이 계약서를 검토해서 우리 회사에 불리한 조항이 있는지 찾아줘"라고 구체적인 역할을 부여하는 것은 답변의 깊이와 전문성에서 현저한 차이를 보인다. 역할 부여는 챗GPT가 특정 전문가의 관점과 사고방식으로 문제에 접근하도록 유도하는 강력한 기법이다.

챗GPT는 수많은 전문가들의 텍스트를 학습했기 때문에 특정 역할을 부여받으면 해당 분야의 전문 지식과 사고 패턴을 활용할 수 있다. 단순히 "의사"라고 하는 것보다 "응급실에서 15년간 근무한 응급의학과 전문의"라고 구체적으로 역할을 정의하면 더욱 전문적이고 실무적인 관점의 답변을 얻을 수 있다. 역할 부여는 단순히 전문 지식만을 끌어내는 것이 아니라 해당 역할의 사고방식, 우선순위, 관심사, 심지어 말하는 방식까지 반영된다.

구체적인 전문성 명시
막연하게 "마케터"보다는 "B2B SaaS 마케팅 전문가", "디자이너"보다는 "UX/UI 디자이너"처럼 세부 영역을 지정한다.

경력과 경험도 함께 명시한다. "10년 경력의", "스타트업 3곳을 성공시킨", "Fortune 500 기업에서 근무한" 같은 구체적인 배경을 추가하면 답변의 현실성이 높아진다.

상황별 역할 조합
하나의 문제를 여러 관점에서 보고 싶다면 서로 다른 역할을 순차적으로 부여할 수 있다. 마치 여러 전문가와 함께 회의를 하듯 할 수 있다.
1. "너는 마케팅 디렉터야. 이 제품의 타겟 고객과 포지셔닝 전략을 제안해줘"
2. "이번에는 재무 담당자 관점에서 예산 배분과 ROI 예측을 해줘"
3. "마지막으로 영업팀장 입장에서 실제 판매 전략을 수립해줘"

이렇게 하면 다각도의 종합적인 전략을 얻을 수 있다.

창작과 콘텐츠 분야 역할들
"너는 베스트셀러 작가야. 독자들이 끝까지 읽게 만드는 매력적인 글을 써줘" (스토리텔링과 몰입감 있는 글쓰기)

"너는 카피라이터야. 20대 여성이 충동구매하고 싶게 만드는 광고 문구를 만들어줘" (타겟 맞춤형 감정 어필)

"너는 유튜브 크리에이터야. 조회수와 구독자 증가에 효과적인 콘텐츠 아이디어를 제안해줘" (트렌드와 알고리즘을 고려한 실용적 제안)

기술과 전문 분야 역할들

"너는 시니어 개발자야. 주니어 개발자에게 코드 리뷰를 해주듯이 이 코드를 검토해줘" (교육적이면서도 실무적인 피드백)

"너는 데이터 사이언티스트야. 비전문가도 이해할 수 있게 데이터 분석 결과를 설명해줘" (복잡한 내용의 이해하기 쉬운 설명)

"너는 보안 전문가야. 이 시스템의 보안 취약점을 찾고 개선 방안을 제시해줘" (위험도 평가와 구체적 해결책)

성향 설정

역할의 성향도 설정할 수 있다.

"너는 중학생도 이해할 수 있게 설명하는 과학 선생님이야" (쉽고 친근한 설명 방식)

"너는 바쁜 임원진에게 핵심만 간단히 보고하는 실무진이야" (간결하고 핵심 중심의 커뮤니케이션)

"너는 전문 지식이 없는 고객에게 기술을 설명하는 영업 담당자야" (고객 친화적이고 이해하기 쉬운 설명)

> **Tip: 실전 활용 예시**
> **"너는 성공한 여러 스타트업을 투자하고 멘토링한 경험이 있는 벤처투자가야.** 이 사업 아이디어를 듣고 투자 관점에서 솔직한 피드백을 해줘. 좋은 점과 우려되는 점을 모두 말해줘."

"너는 MZ세대 타겟 브랜딩에 특화된 마케팅 에이전시의 크리에이티브 디렉터야. 20대 초반이 공감할 수 있는 톤으로 신제품 소개 카피를 만들어줘."

"너는 대규모 서비스를 운영해본 경험이 있는 백엔드 개발자야. 서버 성능 이슈를 겪고 있는 주니어 개발자에게 조언하듯이 해결 방법을 알려줘."

"너는 독자의 마음을 움직이는 에세이로 유명한 작가야. 일상의 소소한 경험에서 깊은 울림을 찾아내고, 누구나 공감할 수 있는 따뜻한 문체로 글을 써. 내가 겪은 이 경험을 바탕으로 많은 사람들이 위로받을 수 있는 에세이를 써줘."

"너는 인간관계의 미묘한 감정을 포착하는 데 뛰어났던 제인 오스틴이야. 위트 있는 대화와 세밀한 심리 묘사로 등장인물들의 로맨스를 그려내는 당신만의 스타일로 이야기를 써줘."

"너는 복잡한 철학적 개념을 쉽게 풀어 설명하는 데 탁월했던 소크라테스야. 질문을 통해 상대방 스스로 답을 찾아가도록 이끄는 대화법으로 이 문제에 대해 함께 생각해보자."

"너는 위기 상황에서 탁월한 판단력을 보여준 처칠이야. 현재 우리 팀이 직면한 어려운 상황을 분석하고, 팀원들의 사기를 높이면서도 현실적인 해결책을 제시해줘."

"너는 복잡한 과학 원리를 일반인도 이해할 수 있게 설명하는 데 뛰어났던 아인슈타인이야. 이 기술적 개념을 누구나 쉽게 이해할 수 있도록 비유와 예시를 들어 설명해줘."

"너는 학생들의 잠재력을 끌어내는 데 탁월했던 몬테소리야. 이 어려운 개념을 단계적이고 체험적인 방법으로 가르칠 수 있는 학습 방법을 제안해줘."

2-5
단계별 질문으로 정확한 답변 얻기

맥락 누적 효과

한 번에 모든 것을 해결하려고 하면 오히려 혼란스러운 결과를 얻을지도 모른다. "우리 회사 마케팅 전략을 세우고 실행 계획도 만들고 예산도 배정하고 효과 측정 방법도 알려줘"라는 식의 복합적 요청은 표면적이고 일반적인 답변만을 가져온다. 반면 "1단계로 현재 마케팅 상황을 분석해줘", "2단계로 개선점을 찾아줘", "3단계로 구체적인 실행 방안을 제시해줘"처럼 단계별로 접근하면 각 단계에서 깊이 있고 실용적인 답변을 얻을 수 있다.

전문가들이 복잡한 문제를 해결할 때 사용하는 사고 과정을 챗GPT에게도 적용하는 것이다. 의사가 환자를 진료할 때 증상 파악 → 가능한 원인 추론 → 검사 계획 → 진단 → 치료 계획의 순서를 따르듯이, 챗GPT에게도 논리적 순서로 단계를 나누어 요청한다.

각 단계의 결과가 다음 단계의 맥락이 되어 점점 더 정교하고 맞춤화된 답변을 얻을 수 있다. 첫 번째 단계에서 얻은 정보를 바탕으로 두 번째 단계에서 더 구체적인 질문을 할 수 있고, 이런 식으로 진행하면 최종 결과물의 품질이 크게 향상된다.

업무별 단계적 접근 전략

업무 유형에 따라 최적의 단계 구성이 다르다. 다음은 주요 업무 유형별 단계적 접근법이다.

업무 유형	1단계	2단계	3단계	4단계
문제 해결	현황 파악	문제 정의	해결 방안	실행 계획
콘텐츠 제작	타겟 분석	구조 설계	내용 기획	실제 작성
의사 결정	선택지 정리	평가 기준	대안 비교	최종 선택
학습 연구	기초 개념	심화 학습	응용 사례	실무 적용

문제 해결 프로젝트

1 파악

"현재 우리 팀의 업무 효율성 문제점을 체계적으로 분석해줘. 시간 관리, 커뮤니케이션, 업무 프로세스, 도구 활용 측면에서 각각 평가해줘."

2단계: 원인 분석

"앞서 파악한 문제점들 중에서 가장 영향이 큰 원인 3가지를 찾아줘. 각 원인이 업무 효율성에 미치는 구체적인 영향도 설명해줘."

3단계: 해결 방안 도출

"1순위 원인에 대한 해결 방안을 단기/중기/장기로 나누어 제시해줘. 각 방안의 예상 효과와 필요한 리소스도 포함해줘."

4단계: 실행 계획 수립

"선택한 해결 방안의 구체적인 실행 계획을 주차별로 세워줘. 담당자, 필요 예산, 성공 지표도 명시해줘."

콘텐츠 제작 프로젝트
1단계: 타겟과 목적 설정
"30대 직장맘을 타겟으로 한 시간 관리 블로그 시리즈를 기획하려고 해. 이들의 주요 관심사와 고민을 분석해줘."

2단계: 콘텐츠 구조 설계
"분석 결과를 바탕으로 블로그 시리즈의 전체 구조를 설계해줘. 몇 개의 포스트로 구성할지, 각 포스트의 핵심 메시지는 무엇인지 정리해줘."

3단계: 개별 콘텐츠 기획
"첫 번째 포스트 '아침 시간 활용법'의 상세 개요를 만들어줘. 목차, 핵심 팁, 실제 사례, 실행 가능한 액션 아이템을 포함해줘."

4단계: 콘텐츠 작성
"앞서 만든 개요를 바탕으로 실제 블로그 포스트를 작성해줘. 친근하면서도 실용적인 톤으로, 1500자 내외로 써줘."

의사결정 프로세스
1단계: 선택지 정리
"새 사무실 이전을 고려 중인데, 고려해야 할 모든 요소들을 체계적으로 정리해줘. 비용, 위치, 규모, 시설 등으로 분류해줘."

2단계: 평가 기준 설정
"정리된 요소들 중에서 우리 회사에 가장 중요한 평가 기준 5가지를 선정하고 각각의 가중치를 제안해줘."

3단계: 대안 비교

"3개의 후보 사무실을 설정한 평가 기준으로 점수화해서 비교해줘. 각 항목별 점수와 총점, 장단점을 정리해줘."

4단계: 최종 권고안

"분석 결과를 바탕으로 최적의 선택을 권고해줘. 선택 이유와 함께 예상되는 리스크와 대응 방안도 제시해줘."

학습과 연구 프로젝트

1단계: 기초 개념 이해

"블록체인 기술을 처음 배우려고 해. 비전공자도 이해할 수 있게 핵심 개념부터 설명해줘."

2단계: 심화 학습

"기본 개념을 이해했으니 이제 블록체인의 실제 작동 원리를 구체적으로 설명해줘. 거래 검증 과정을 중심으로."

3단계: 응용 사례 탐구

"블록체인이 실제 비즈니스에서 어떻게 활용되는지 산업별 사례를 들어 설명해줘."

4단계: 실무 적용 방안

"우리 회사(제조업)에서 블록체인을 도입한다면 어떤 영역에 어떻게 적용할 수 있을지 구체적인 방안을 제시해줘."

효과적인 단계 설계 원칙

각 단계는 논리적으로 연결되어야 한다. 일반적으로 현황 파악 → 문제 정의 → 원인 분석 → 해결 방안 → 실행 계획 → 평가 방법의 순서를 따른다. 학습의 경우에는 이해 → 분석 → 종합 → 적용 → 평가의 흐름이 자연스럽다.

너무 많은 단계로 나누면 오히려 복잡해지고, 너무 적으면 단계별 접근의 장점을 살릴 수 없다. 일반적으로 3-6단계가 적절하다.

각 단계에서 무엇을 얻고자 하는지 명확히 해야 한다. "분석해줘"보다는 "3가지 핵심 문제점을 찾아줘", "제안해줘"보다는 "실행 가능한 해결책 5가지를 우선순위별로 제시해줘"처럼 구체적인 목표를 설정한다.

Tip: 대화가 길어지면 챗GPT가 초기 맥락을 놓칠 수 있다. 중요한 맥락은 주기적으로 상기시켜주면 좋다.

2-6

조건을 걸고 창의적으로 질문하기

챗GPT는 무한한 가능성을 가지고 있다. 그런데 바로 이 점이 때로는 독이 된다. 너무 많은 선택지가 있으니까 오히려 애매한 답변을 하기도 한다. 마치 백화점에서 "좋은 것 추천해주세요"라고 하면 직원이 당황하는 것과 같다.

대상을 지칭하자

가장 쉬운 조건은 물리적 제약이다. 시간, 공간, 예산, 인원수 같은 것들 말이다. 예를 들어 팀 워크숍을 기획한다면 "팀원 12명, 회의실에서 진행, 2시간 이내, 예산 1인당 2만원"이라는 조건을 걸어보자. 그러면 챗GPT는 이 조건에 맞는 현실적인 프로그램들을 제안해준다. 조건 없이 "팀 워크숍 아이디어 알려줘"라고 하면 야외 활동부터 고가의 프로그램까지 온갖 것들이 나와서 오히려 선택이 어려워진다.

여행 계획을 세울 때도 마찬가지다. "여행지 추천해줘"보다는 "2박 3일, 부산 출발, 국내 여행, 렌터카 이용, 4인 가족(초등학생 2명), 예산 100만원 이하"라고 구체적으로 조건을 걸면 딱 맞는 여행 코스를 받을 수 있다. 이런 식으로 물리적 제약을 먼저 정하고 질문하면 훨씬 실용적인 답변을 받을 수 있다.

누구를 위한 것인지 명확히 하는 것도 좋다. 같은 운동 계획이라도 20대 남성과 50대 여성에게는 완전히 다른 계획이 필요하다. "운동 계획 짜줘"보다는 "40대 중반 직장인 남성인데, 무릎 관절 약하고, 주 3회 헬스장 이용 가능해, 근력 운동 중심으로 운동 계획 짜줘."라고 구체적으로 조건을 걸어보자. 그러면 관절에 무리가 가지 않으면서도 효과적인 운동 계획을 받을 수 있다.

자녀 교육 상담을 받을 때도 "중학교 2학년 남학생, 수학 성적 중위권, 게임을 좋아함, 집중력 부족, 사교육 예산 월 30만원이야"라고 구체적으로 아이의 상황을 설명하면 맞춤형 학습 방법을 제안해준다. 단순히 "아이 공부 잘하는 방법 알려줘"라고 하면 너무 일반적인 답변만 나온다.

목적과 목표를 분명히 하자

왜 질문을 하는지, 어떤 결과를 원하는지 명확히 해야 한다. "다이어트 방법 알려줘"보다는 "결혼식 준비로 3개월 내 7kg 감량해야 해. 건강한 방법으로, 요요 없이, 직장 생활 병행 가능한 방법이 필요해."와 같이 목적과 목표를 분명히 하면 훨씬 구체적인 계획을 받을 수 있다.

사업 아이디어를 구할 때도 "사업 아이디어 추천해줘"보다는 "1인 창업,

온라인 기반으로 IT 경험 활용도 가능해. 초기 투자 500만원 이하로, 6개월 내 손익분기점 달성하는 목표로 사업 아이디어 추천해줘."라고 구체적으로 조건을 걸어보자. 그러면 현실적이면서도 실현 가능한 사업 아이디어들을 제안해준다.

결과를 한정하기

어떤 형식으로 답변을 받고 싶은지도 조건으로 걸 수 있다. "주간 업무 보고서 템플릿 만들어줘. 이메일 형식으로 5분 이내 작성 가능하게 해줘. 성과 중심으로 다음 주 계획 포함하고, 상급자가 한눈에 파악 가능하도록 해줘."라고 하면 바로 사용할 수 있는 템플릿을 받을 수 있다.

프레젠테이션 자료를 요청할 때도 "신제품 발표 자료 구성해줘. 청중은 투자자고 10분 발표용, 슬라이드 8장 이내, 각 슬라이드당 핵심 포인트 3개로 해줘."라고 형식을 명확히 하면 딱 맞는 자료를 받을 수 있다.

'혁신'이라는 단어의 힘

너무 딱딱하게 조건만 걸면 재미없는 답변만 나온다. 창의적인 요소를 넣어보자. "기존 카페와 완전히 다른 혁신적인 새로운 카페 콘셉트를 제안해줘. 단, 대학가 위치, 초기 투자 3천만원 이하, 20-30대 고객층 타겟이야"라고 하면 현실적인 조건 안에서 창의적인 아이디어를 받을 수 있다.

또 다른 예로 "아이들이 수학을 재미있게 배울 수 있는 혁신적인 방법을 제안해줘. 초등학교 3-4학년 대상, 집에서 부모가 함께 할 수 있는 것, 특별한 교구 없이 일상용품 활용하는 걸로 해줘."라고 하면 창의적이면서도 실용적인 학습 방법을 받을 수 있다.

아이디어 회의를 할 때는 "기존 틀에서 벗어난 혁신적인 마케팅 아이디어를 자유롭게 제안해줘. 예산이나 실현 가능성은 일단 고려하지 말고"라고 창의성을 강조할 수 있다.

2-7

대화 이어가기와 수정하기

챗GPT와의 대화는 한 번에 끝나는 것이 아니라 계속해서 이어갈 수 있다. 이전 대화의 맥락을 기억하고 있기 때문에 추가 질문을 하거나 답변을 수정 요청할 수 있다. 이 기능을 제대로 활용하면 처음에 만족스럽지 않았던 답변도 원하는 수준까지 개선할 수 있다. 대화를 이어가면 실제 전문가와 상담하듯이 계속 질문하고 답변을 받으면서 원하는 결과에 점점 더 가까워질 수 있다.

대화 이어가기의 기본 원리

챗GPT는 현재 대화 세션 내에서 이전에 나눈 대화를 기억한다. 예를 들어 여행 계획을 세우고 있다면 처음에 "일본 3박 4일 여행 계획을 세워줘"라고 요청했다고 해보자. 챗GPT가 전체 일정을 제안했을 때, 만족스럽지 않은 부분이 있다면 "일정에서 둘째 날 일정만 더 자세히 알려줘"라고 요청할 수 있다. 이때 챗GPT는 이전에 제안했던 전체 일정을 기억하고 있으므로 둘째날 일정을 더욱 구체적으로 설명해준다.

효과적인 추가 질문 방법

대화를 이어갈 때는 구체적인 지시를 하는 것이 중요하다. 막연하게 "더 자세히 알려줘"보다는 "예시를 3개 더 들어줘", "단계별로 나누어서 설명해줘", "초보자도 이해할 수 있게 쉽게 설명해줘"처럼 구체적으로 요청해야 한다. 만약 보고서 작성 도움을 받고 있다면 "앞에서 제안한 목차 중 2번 항목을 1000자 분량으로 작성해줘"라고 구체적으로 요청할 수 있다. 또 다른 예로 마케팅 전략을 논의하고 있다면 "위에서 언급한 SNS 마케팅 부분을 인스타그램, 페이스북, 유튜브별로 각각 구체적인 실행 방안을 제시해줘"라고 요청할 수 있다. 이렇게 구체적으로 요청하면 챗GPT가 더 정확하고 유용한 답변을 제공한다.

답변 수정 요청하기

챗GPT의 답변이 마음에 들지 않을 때는 언제든지 수정을 요청하면 된다. 수정을 요청할 때는 어떤 부분이 마음에 들지 않는지, 어떤 방향으로 수정하고 싶은지 명확하게 표현하자. "너무 어려워", "더 간단하게", "좀 더 전문적으로", "예의 바른 톤으로", "친근한 말투로" 등의 표현을 사용할 수 있다. 예를 들어 이메일 초안을 받았는데, 너무 딱딱하게 느껴진다면 "위 이메일을 좀 더 친근하고 부드러운 톤으로 다시 써줘"라고 요청하면 된다. 예를 들면, 거래처에게 보낼 이메일을 "안녕하세요. 귀하의 요청 사항에 대해 검토한 결과를 알려드립니다."라고 시작했다면, 이를 "안녕하세요! 먼저 바쁘신 중에도 연락 주셔서 감사합니다. 요청하신 내용을 꼼꼼히 검토해보았는데요,"라는 식으로 더 친근하게 바꿔달라고 요청할 수 있다.

문체를 변경하고 싶으면, "'~입니다'체를 '~이다'체로 바꿔줘"로 간단히 요청할 수 있다.

부분 수정과 전체 수정

답변의 일부만 수정하고 싶을 때는 "첫 번째 단락만 다시 써줘", "결론 부분만 수정해줘", "두 번째 예시를 다른 것으로 바꿔줘"처럼 구체적으로 범위를 지정하자. 자기소개서를 작성하고 있는데 세 번째 문단의 경력 설명 부분만 마음에 들지 않는다면 "세 번째 문단의 경력 설명 부분을 더 구체적인 성과 중심으로 다시 써줘. 나머지 부분은 그대로 두고"라고 요청할 수 있다.

피드백을 줄 때 나쁜 부분만 지적하지 말고 좋은 부분도 언급하라. "전체적인 구조는 좋은데 두 번째 부분만 수정해줘"라든지, "아이디어는 참신한데 실현 가능성 부분을 보완해줘"라고 하면 챗GPT가 좋은 부분은 유지하면서 문제 부분만 수정할 수 있다.

구체적 방향을 제시하면 좋다. "이 제안서가 너무 보수적이야. 좀 더 혁신적이고 도전적인 아이디어를 포함해서 다시 써줘"라든지, "이 이메일이 너무 길어. 바쁜 상급자가 30초 안에 핵심을 파악할 수 있게 3줄로 요약해줘"라고 해보자.

전체적인 방향을 바꾸고 싶다면 "완전히 다른 접근 방법으로 다시 써줘", "반대 관점에서 다시 작성해줘"라고 요청할 수 있다. 만약 마케팅 전략을 제안받았는데 B2B 관점에서 B2C 관점으로 바꾸고 싶다면 "위 전략을 B2C 고객을 대상으로 하는 방향으로 완전히 다시 작성해줘"라고 요청하면 된다.

단계별 개선 방법

답변을 한 번에 완벽하게 만들려고 하지 말고 단계별로 개선하면, 짧은 시간에 원하는 방향의 답변을 얻을 수 있다. 첫 번째 답변에서 전체적인 구조를 잡고, 두 번째 요청에서 내용을 구체화하고, 세 번째 요청에서 표현을 다듬는 방식으로 진행하면 좋다. 예를 들어 프레젠테이션 자료를 만들고 있다면 "먼저 전체 구성을 잡아줘", "각 섹션의 내용을 구체적으로 써줘", "더 임팩트 있는 표현으로 바꿔줘" 순서로 요청할 수 있다. 실제 사례로 보면, 신제품 출시 발표 자료를 만든다고 가정해보자. 1단계에서는 "신제품 출시 발표 자료의 전체 구성을 10개 슬라이드로 잡아줘"라고 요청한다. 2단계에서는 "3번째 슬라이드 '제품 특징' 부분을 3개 핵심 포인트로 구체적으로 작성해줘"라고 요청한다. 3단계에서는 "제품 특징 부분의 표현을 더 임팩트 있고 고객의 감정에 어필할 수 있도록 수정해줘"라고 요청하는 식이다.

피드백과 방향 제시

수정을 요청할 때는 단순히 "마음에 안 들어"라고 하지 말고 구체적인 피드백을 제공하라. "이 부분이 너무 길어서 읽기 어려워", "예시가 현실적이지 않아", "전문 용어가 너무 많아서 이해하기 어려워"처럼 구체적으로 문제점을 지적하면 더 정확한 수정이 가능하다. 또한 원하는 방향도 함께 제시하라. "더 간결하게", "실제 사례로", "쉬운 용어로" 등의 방향성을 제공하면 더 만족스러운 결과를 얻을 수 있다. 예를 들어 기술 문서를 작성하고 있는데 너무 어렵다고 느낀다면 "위 설명에서 '알고리즘', '데이터 구조' 같은 전문 용어들이 너무 많아서 비전공자가 이해하기 어려워. 중학생도 이해할 수 있는 쉬운 말로 바꿔서 다시 써줘. 특히 복잡한 개념은 일상생활 예시를 들어서 설명해줘"라고 구체적으로 요청할 수 있다.

대화 맥락 활용한 심화 논의

대화가 길어질수록 챗GPT는 더 많은 맥락을 이해하게 된다. 이를 활용해서 "앞에서 논의한 내용을 종합해서", "지금까지의 대화를 바탕으로", "우리가 처음에 설정한 목표에 맞춰서"라는 표현을 사용할 수 있다. 예를 들어 사업 계획을 세우는 과정에서 여러 차례 대화를 나눴다면 "지금까지 논의한 타겟 고객, 마케팅 전략, 예산 계획을 종합해서 최종 사업 계획서 초안을 작성해줘"라고 요청할 수 있다. 이때 챗GPT는 이전 대화에서 나온 모든 정보를 종합해서 일관성 있는 문서로 작성해준다.

가정도 가능하다. "만약 ~라면 어떻게 될까"라는 가정 상황을 제시하는 것이다. "앞에서 제안한 마케팅 전략에서 예산이 50% 줄어든다면 어떻게 수정해야 할까?"라고 질문하면 기존 전략을 바탕으로 한 대안을 제시해준다.

Tip: 실전 활용 시나리오

아래의 구체적 사례를 통해 대화 이어가기와 수정 요청을 어떻게 활용할지 살펴보자. 온라인 쇼핑몰을 운영하는 사람이 상품 설명을 작성한다고 가정해보자. 첫 번째 요청: "무선 이어폰 상품 설명을 작성해줘". 첫 번째 답변을 받은 후: "위 설명에서 기술적인 부분은 줄이고, 고객이 느낄 수 있는 감정적 혜택 위주로 다시 써줘". 두 번째 답변을 받은 후: "좋아. 이제 이 설명을 20대 직장인 여성을 타겟으로 해서 더 구체적으로 수정해줘. 출퇴근 시간에 사용하는 상황을 강조해서". 세 번째 답변을 받은 후: "마지막으로 구매 욕구를 자극하는 카피를 추가해줘. 한정 수량이나 할인 혜택을 어필하는 문구로 해줘." 이런 식으로 단계별로 요청하면 처음에는 평범했던 상품 설명이 타겟 고객에게 어필하는 완성도 높은 마케팅 문구로 발전할 수 있다.

둘째마당

일상생활 챗GPT 활용법

3-1 실시간 정보 검색과 트렌드 분석

3-2 복잡한 개념 쉽게 설명받기

3-3 챗GPT로 영어 학습 완전정복

3-4 학습 계획표 작성하기

3-5 독서·논문·강의 요약과 분석 완전 활용법

3장

정보 검색과 학습 도우미

3-1
실시간 정보 검색과 트렌드 분석

실시간 검색 기능의 힘

인터넷에서 정보를 찾다 보면 답답함을 느낄 때가 있다. 검색 결과가 너무 많아서 어떤 게 정확한 정보인지 모른다거나, 최신 정보인지 확인하기 어려울 땐, 챗GPT의 실시간 웹 검색 기능을 활용하면 좋다. 마치 개인 비서가 인터넷 전체를 뒤져서 필요한 정보만 골라 정리해 주듯 챗GPT는 여러 소스의 정보를 종합해서 핵심만 정리해 알려준다. 예를 들어 "최근 AI 업계 동향"을 검색하면 여러 뉴스 기사와 보고서를 참고해서 현재 상황을 체계적으로 정리해준다.

> **1. 🚀 기술 및 인프라 트렌드**
>
> - **에이전트형 AI(agentic AI)의 부상**
>   기존의 수동형 챗봇을 넘어, 자율적으로 상황을 판단하고 행동까지 수행하는 '에이전트형 AI'가 여러 산업에 도입되고 있으며, 고객 경험(CX) 혁신의 핵심으로 자리잡고 있습니다. TechRadar +4
>
> - **맞춤형 AI 칩 및 실리콘 기술 주도권 경쟁**
>   AI 모델의 연산 부담을 줄이기 위해, Positron·Groq·Google 등 기업들이 Nvidia 대비 에너지 효율이 높거나 특화된 칩을 개발 중이며, 규모 있는 커스텀 칩 전쟁이 펼쳐지고 있습니다. 월스트리트저널
>
> - **연산 규모와 데이터 폭발적 증가**

더욱 놀라운 점은 챗GPT가 맥락을 이해한다는 점이다. "테슬라 주가가 왜 오르고 있어?"라고 물어보면 단순히 주가 정보만 알려주는 것이 아니다. 관련된 뉴스, 시장 분석, 전문가 의견까지 종합해서 설명해준다. 마치 경제 전문가가 브리핑해주는 것 같은 느낌을 준다.

📈 테슬라 주가가 오르는 이유

1. AI 및 자율주행 전략 강화

- 테슬라는 삼성과 AI 칩 생산을 위한 **165억 달러** 규모의 다년 공급 계약을 체결했습니다. 이는 자율주행차(로보택시) 및 휴머노이드 로봇 Optimus 등에 활용될 예정이며, 뉴스 발표 직후 주가가 **3% 이상 상승**하는 등 투자자들의 기대를 불러일으켰습니다. Barron's +8 .
- 자동운전 로보택시의 오스틴 시범 서비스 출시 임박 소식도 추가적인 상승 요인입니다. 시장은 로보택시 사업의 상업화 기대를 높게 보고 있습니다. Investors.com Investors.com .

2. 배터리 공급 전략 전환

- **LG에너지솔루션**과의 **43억 달러** 배터리 공급 계약은 중국에 대한 의존도를 줄이고, 미국 내 공급망 확보 측면에서 긍정적으로 평가되고 있습니다. 특히 미국 관세 리스크를 줄이는 구조라는 점이 주가 반응 요인이 되었습니다. Reuters +3 .

3. 발표 이후 주가 반응 및 투자 심리 회복

- 2분기 실적은 매출과 EPS가 소폭 감소하며 시장 기대에 못 미쳤으나, **Elon Musk의 정권 관련 업무 축

최신 뉴스 파악하기

뉴스를 볼 때 가장 답답한 것은 파편적인 정보만 접하게 된다는 것이다. A기사에서는 이렇게 말하고, B기사에서는 저렇게 말하고. 전체적인 그림을 그리기 어렵다. 하지만 챗GPT에게 "최근 부동산 시장 동향을 종합적으로 정리해줘"라고 요청하면 여러 언론사의 기사를 종합해서 균형 잡힌 시각으로 설명해준다.

> 최근 부동산 시장 동향을 종합적으로 정리해줘
>
> 아래는 2025년 기준 최근 국내외 부동산 시장 동향을 종합적으로 정리한 내용입니다. 정책, 투자, 수요·공급, 지역별 흐름 등을 분석하였으며, 대표 사례와 데이터 기반 예시를 함께 포함했습니다.
>
> 🏠 **1. 국내 부동산 시장 동향 (한국 기준)**
>
> - **지역별 양극화 지속**
>   - 수도권, 특히 서울은 재건축 규제 완화와 매물 부족으로 국지적 가격 반등세가 이어지고 있으나, 지방은 침체가 깊어지고 있습니다.
>   → 지역 간 집값 격차가 여전히 확대 중입니다. 한국경제 +3 디토NEWS24.
>
> - **매매시장: 조정국면 진입**
>   - 3분기부터 서울 및 수도권 매매·전세 가격 상승률은 연 1~2% 수준, 지방은 대체로 보합세 혹은 하락 전망입니다. 리촌.
>
> - **전세보다 월세 선호 증가**
>   - 고금리와 대출 규제가 이어지면서, 전세 수요가 줄고 월세 선호가 뚜렷하게 확대되고 있습니다. 한국경제 +15.

특정 사건에 대해 깊이 있게 알고 싶을 때도 유용하다. "최근 미국 대선 후보 토론회에서 주요 쟁점이 뭐였어?"라고 물어보면 여러 매체의 보도를 종합해서 핵심 쟁점들을 정리해준다. 그리고 각 후보의 입장도 객관적으로 설명해준다.

산업 트렌드 분석

사업을 하거나 투자를 하는 사람들에게는 산업 트렌드 파악이 중요하다. 하지만 전문 보고서를 구매하자니 비싸고, 무료 자료만으로는 한계가 있다. 이럴 때 챗GPT를 활용하면 효과적이다. "2025년 전기차 시장 동향과 주요 업체 현황을 분석해줘"라고 요청하면 최신 정보를 바탕으로 상세한 분석을 제공해준다.

> **2025년 전기차 시장 동향과 주요 업체 현황을 분석해줘**
>
> 아래는 2025년 전기차(EV) 시장 동향과 주요 기업 현황을 정리한 심층 분석입니다. 글로벌·지역별 트렌드, 기술·정책 변화, 기업별 전략을 종합하여 제시드리며, 추후 궁금한 부분 있으면 더 깊이도 제공드릴 수 있습니다.
>
> ### 1. 글로벌 전기차 시장 트렌드
>
> - **판매량 급등 및 시장 확대**
>   2025년 전 세계 전기차(BEV + PHEV) 판매는 약 **2,200만** 대에 이를 것으로 예상되며, 전년 대비 **25%** 증가하는 고속 성장세가 이어지고 있습니다. 다나와 자동차 +1
>   특히 중국이 전체 시장의 **약 66%**를 차지할 것으로 전망되며, 아시아 태평양 지역이 글로벌 EV 시장을 주도하고 있습니다. 다나와 자동차
> - **시장 점유율 변화**
>   유럽은 판매 비중이 **약 17%**, 미국은 **7%** 수준으로 전망되나, 최근 **미국의 EV 정책 변화(세액공제 종료 등)**로 인해 성장률이 둔화될 가능성이 있습니다. 다나와 자동차 +7
> - **가격 경쟁력 기반 저가 모델의 확산**

특히 새로운 기술이나 서비스에 대해 알고 싶을 때 유용하다. "최근 화제가 되고 있는 AI 에이전트가 뭐야? 관련 업체들과 시장 전망도 함께 알려줘"라고 하면 기술적 설명부터 시장 분석까지 종합적으로 설명해준다.

경쟁사 분석과 벤치마킹

경쟁사 분석을 할 때도 실시간 검색 기능이 도움이 된다. "네이버와 카카오의 최근 사업 전략 변화를 비교 분석해줘"라고 하면 두 회사의 최

근 발표 자료, 뉴스 기사, 전문가 분석을 종합해서 비교해준다. 이런 정보를 개인이 직접 수집하려면 며칠이 걸리겠지만, 챗GPT는 몇 분 안에 정리해준다.

해외 기업들의 동향도 쉽게 파악할 수 있다. "최근 마이크로소프트의 AI 사업 전략은 어떻게 변화하고 있어?"라고 물어보면 영어 자료까지 검색해서 한국어로 정리해준다. 이제 언어의 장벽 없이 글로벌 정보를 얻을 수 있게 되었다.

신뢰할 수 있는 출처 확인

정보를 받을 때는 항상 출처를 확인하는 습관을 가져야 한다. 챗GPT에게 "위 정보의 출처도 함께 알려줘"라고 요청하면 참고한 웹사이트나 기사들의 링크를 제공해준다. 특히 중요한 결정을 내려야 할 때는 원본 자료도 직접 확인해보는 것이 좋다.

또한 "여러 관점에서 분석해줘"라고 요청하면 한쪽으로 치우치지 않은 균형 잡힌 정보를 받을 수 있다. "반대 의견도 함께 알려줘"라고 하면 다양한 시각에서 정보를 검토할 수 있다.

실시간 데이터 활용

주식, 환율, 암호화폐 같은 실시간 데이터가 중요한 분야에서도 활용할 수 있다. "현재 비트코인 가격과 최근 변동 이유를 분석해줘"라고 하면 현재 시세와 함께 가격 변동의 배경을 설명해준다. 단순히 숫자만 알려주는 것이 아니라 왜 그런 변화가 일어났는지도 함께 설명해주니까 훨씬 유용하다.

"원달러 환율이 최근 급등한 이유와 향후 전망을 알려줘"라고 하면 경제 전문가 수준의 분석을 받을 수 있다. 개인 투자자들에게는 정말 유용한 기능이다.

지역별 정보 검색

전국적인 정보가 아닌 특정 지역의 정보가 필요할 때도 있다. "부산 지역 최근 부동산 시장 동향을 알려줘"라고 하면 부산 지역에 특화된 정보를 검색해준다. 또는 "제주도 관광업계 최근 현황과 이슈를 정리해줘"라고 하면 지역별 맞춤 정보를 제공해준다.

해외 지역 정보도 마찬가지다. "실리콘밸리 스타트업 생태계 최근 동향을 알려줘"라고 하면 현지 정보까지 검색해서 정리해준다.

트렌드 예측과 분석

현재 트렌드를 바탕으로 미래를 예측하는 것도 가능하다. "현재 AI 기술 발전 추세를 보면 내년에는 어떤 변화가 예상돼?"라고 물어보면 전문가들의 의견과 시장 분석을 종합해서 전망을 제시해준다. 물론 미래는 불확실하지만, 현재까지의 데이터를 바탕으로 한 합리적인 추론을 해준다.

Tip: 실전 활용 시나리오

온라인 쇼핑몰을 운영하는 사람이 있다고 해보자. "최근 이커머스 업계 트렌드와 소비자 행동 변화를 분석해줘. 특히 모바일 쇼핑과 소셜 커머스 관련해서 분석해줘"라고 요청하면 업계 전반의 동향을 파악할 수 있다. 그리고 "이런 트렌드를 우리 쇼핑몰에 어떻게 적용할 수 있을까?"라고 추가 질문하면 구체적인 실행 방안도 제시해준다.

투자자라면 "최근 반도체 업계 동향과 주요 기업들의 실적 전망을 분석해줘"라고 해서 투자 판단에 필요한 정보를 얻을 수 있다. 그리고 "삼성전자와 SK하이닉스의 최근 주가 변동 이유와 향후 전망을 비교해줘"라고 더 구체적으로 질문할 수 있다.

주의사항

실시간 검색 기능을 사용할 때 주의할 점이 있다. 첫째, 정보가 항상 100% 정확하지는 않을 수 있다. 특히 속보성 뉴스나 루머성 정보는 신중하게 받아들여야 한다. 둘째, 중요한 결정을 내릴 때는 여러 출처를 교차 확인하는 것이 좋다. 셋째, 개인의 투자나 사업 결정은 본인의 판단과 책임 하에 해야 한다.

이렇게 실시간 검색 기능을 제대로 활용하면 개인 정보 분석가가 생긴 것 같은 느낌을 받을 수 있다. 복잡하고 방대한 정보의 바다에서 정말 필요한 정보만 골라서 체계적으로 정리해주니까 말이다. 정보 격차 없이 누구나 전문가 수준의 분석을 받을 수 있는 시대가 된 것이다.

3-2
복잡한 개념 쉽게 설명받기

어려운 개념, 쉬운 언어로

챗GPT는 복잡한 개념을 원하는 수준에 맞게 쉽게 설명해주는 개인 교수 같은 역할을 할 수 있다. 경제 신문을 보다가 "양적완화를 알기 쉽게 설명해줘."라고 물어보면 비유를 통해 쉽게 설명해준다.

양적완화를 알기 쉽게 설명해줘.

네, 양적완화(Quantitative Easing)를 아주 쉽게 풀어서 설명드리겠습니다. 마치 일상에서 일어날 수 있는 상황으로 비유해서 이해하실 수 있도록 도와드릴게요.

🧊 비유로 이해하는 양적완화

한 마을에 **시장(경제)**이 있습니다. 평소엔 장사도 잘 되고, 사람들도 물건을 사고팔며 돈이 잘 돕니다. 그런데 어느 날부터 사람들이 지갑을 닫기 시작합니다. 돈이 없거나 불안해서 소비를 줄인 거죠. 가게도 장사 안 되고, 일자리도 줄고, 마을이 점점 침체됩니다.

이때 등장하는 인물이 바로 **'마을 금고를 관리하는 중앙은행'**입니다.

중앙은행이 말합니다.

"지금은 금리를 더 낮출 수도 없고, 사람들도 돈을 안 쓰는군요. 그럼 내가 직접 돈을 풀어서 마을에 숨을 불어넣어야겠어요!"

답변을 보면서 더 궁금한 내용이 있으면 물어봐도 되고, 이해가 안되는 부분은 상세히 설명해달라고 할 수도 있다. 그러면, 챗GPT는 그 부분을 좀 더 깊이 설명을 해준다.

> 양적완화를 알기 쉽게 설명해줘.

네, 양적완화(Quantitative Easing)를 아주 쉽게 풀어서 설명드리겠습니다. 마치 일상에서 일어날 수 있는 상황으로 비유해서 이해하실 수 있도록 도와드릴게요.

🧠 비유로 이해하는 양적완화

한 마을에 **시장(경제)**이 있습니다. 평소엔 장사도 잘 되고, 사람들도 물건을 사고팔며 돈이 잘 돕니다. 그런데 어느 날부터 사람들이 지갑을 닫기 시작합니다. 돈이 없거나 불안해서 소비를 줄인 거죠. 가게도 장사 안 되고, 일자리도 줄고, 마을이 점점 침체됩니다.

이때 등장하는 인물이 바로 **'마을 금고를 관리하는 중앙은행'**입니다.

중앙은행이 말합니다.

> "지금은 금리를 더 낮출 수도 없고, 사람들도 돈을 안 쓰는군요.
> 그럼 내가 직접 돈을 풀어서 마을에 숨을 불어넣어야겠어요!"

경제학 용어뿐만 아니라 과학 개념도 마찬가지다. "양자역학이 뭐야?"라고 물어보면 아래와 같이 설명해준다.

> 양자역학이 뭐야?

양자역학(Quantum Mechanics)은 원자보다 더 작은 세계, 즉 전자, 광자, 중성자 같은 미시 입자들이 어떻게 움직이고 상호작용하는지를 설명하는 물리학 이론입니다.

쉽게 말해서, 우리 눈에는 보이지 않는 아주 작은 세계에서 일어나는 '특이한 일들'을 설명하는 과학이라고 이해하시면 됩니다.

🧠 왜 '특이한' 과학인가요?

우리가 평소에 경험하는 세계는 대부분 **고전물리학(뉴턴 역학)**으로 설명이 가능합니다.
하지만 원자나 전자처럼 작은 입자들은 전혀 다른 행동을 보입니다.

예를 들어:

- ○ 입자인데 동시에 파동처럼 행동하기도 하고,

난이도 조절하기

챗GPT에게 설명을 요청할 때 가장 중요한 것은 자신의 수준을 명확히 하는 것이다. "중학생도 이해할 수 있게 설명해줘", "대학교 1학년 수준으로 설명해줘"와 같이 난이도를 지정할 수 있다. 좀 전에 물어봤던 양자역학에 대한 질문을 조금 바꿔서 다시 질문해보자.

> 내용이 너무 어려워. 중학생도 알아들을 수 있게 설명해줘.

네, 양자역학을 중학생도 이해할 수 있도록 최대한 쉽게 설명해드리겠습니다.

🌀 **양자역학이란?**
눈에 안 보일 만큼 작은 세계에서 벌어지는 아주 신기한 일들을 설명하는 과학입니다.
우리가 눈으로 볼 수 있는 물건들은 대부분 **고전물리학(뉴턴의 법칙)**으로 설명할 수 있어요.
그런데 **원자나 전자**처럼 아주 작은 입자들은 전혀 다른 방식으로 움직입니다.
이걸 설명해주는 게 바로 **양자역학**이에요.

예시와 같이 "내용이 너무 어려워. 중학생도 알아들을 수 있게 설명해줘."라고 물어보면, '전자, 광자, 중성자'와 같은 어려운 단어는 빠지고 쉬운 단어로 설명을 해준다. 만약 이 내용도 어렵다면 "초등학생도 알아들을 수 있게 설명해줘."라고 요청할 수도 있다. 그러면 내용이 더욱 쉬워진다.

네! 이번엔 **초등학교 1학년** 어린이도 이해할 수 있게, 정말 쉽게 설명해드릴게요 😊

🔍 **양자역학은 뭐냐면요...**
양자역학은 **"아주아주 작은 것들이 어떻게 움직이는지 알려주는 과학"**이에요!

🧁 **예를 들어볼게요!**
작고 귀여운 **전자**라는 친구가 있어요.
이 친구는 우리가 손으로 만질 수 없을 만큼 작아요.

3장 정보 검색과 학습 도우미

단계별 설명 요청하기

복잡한 개념은 한 번에 이해하기 어렵다. 이럴 때는 단계별로 설명을 요청할 수도 있다. "슈뢰딩거의 고양이 개념을 3단계로 나누어서 설명해줘"라고 할 수 있다.

좋은 질문이십니다!
양자역학에서 가장 유명한 사고실험인 **"슈뢰딩거의 고양이"**도 3단계로 나누어 보면 훨씬 이해하기 쉬워집니다.

☑️ **1단계: 말도 안 되는 상자 속 실험을 상상해보자**

과학자 슈뢰딩거는 사람들이 양자역학을 너무 쉽게 생각하자, "그럼 이걸 일상에 적용하면 얼마나 이상해지는지 보여줄게!" 하며 이런 실험을 상상합니다.

🐺 **상상 속 실험 구성:**

- 밀폐된 상자 안에 고양이 한 마리
- 방사능 원자 1개 (50% 확률로 1시간 안에 붕괴됨)

(중략)

🪨 **정리: 슈뢰딩거의 고양이 3단계**

단계	설명
1단계: 상상 실험	고양이의 생사가 방사능 붕괴와 연결된 상자 속 상황을 설정
2단계: 중첩 상태	상자를 열기 전까지 고양이는 살아 있으면서 동시에 죽어 있음
3단계: 관측과 확정	상자를 열면 그제야 고양이의 상태가 하나로 결정됨 (살았거나 죽었거나)

이와 같이, 어려운 개념은 단계별 설명으로 쉽게 이해할 수 있다. 그리고 더 궁금한 것이 있다면 단계별로 점진적으로 배울 수 있다.

예시로 이해하기

어려운 개념을 배울 때 "이게 실생활에서 어떻게 쓰여?"라고 물어보면 훨씬 이해가 쉽다. "빅데이터가 실생활에서 어떻게 활용되는지 예시를 들어서 설명해줘"라고 하면 넷플릭스 추천 시스템, 구글 검색, 쇼핑 추천

등 친숙한 예시를 들어서 설명해준다.

"미분이 실생활에서 어떻게 쓰이는지 예시를 들어서 설명해줘."라고 물어보면 자동차 속도계와 같은 예시를 들어 설명해준다.

> 미분이 실생활에서 어떻게 쓰이는지 예시를 들어서 설명해줘.
>
> 네, "미분이 실생활에서 어떻게 쓰이느냐"는 질문은 정말 좋은 질문입니다.
> 수학 시간에 배울 땐 어려워 보이지만, 알고 보면 우리 **일상과 기술, 과학, 경제** 속에 아주 깊숙이 들어와 있습니다.
> 이제 쉽고 **구체적인 예시 3가지**로 설명드리겠습니다.
>
> ☑ **예시 1: 자동차 속도계 – 속도의 개념**
> - 자동차가 **10초** 동안 **100m**를 갔다면, 평균 속도는 10m/s죠.
> - 그런데 지금 이 순간의 속도는 어떻게 알까요?
>
> 👉 그게 바로 **미분**입니다.
> 미분은 '**변화율**'을 **계산**하는 도구이기 때문에
>
> > "시간에 따른 위치의 변화를 미분하면 → 바로 순간 속도"가 됩니다.
>
> 📌 그래서 자동차의 ****속도계(계기판)****는 내부적으로 위치 센서를 활용해
> 미분 개념으로 **순간 속도**를 계산하고 있는 것입니다.

이런 질문 방법은 교사나 강사들에게 상당히 유용하다. 자신이 어떤 강의를 해야 한다면, 강의를 하기 전 청중에게 쉽게 설명하는 방법을 챗GPT를 통해서 찾아보면 좋을 것이다.

역사적 맥락 포함하기

복잡한 개념들은 대부분 역사적 배경이 있다. "민주주의가 어떻게 발전해왔는지 역사적 맥락과 함께 설명해줘"라고 하면 다음과 같이 단계별 발전 과정을 설명해준다. 민주주의의 어려운 개념을 쉽고 깊이 이해할 수 있게 해준다.

> 챗GPT
> "1단계: 고대 그리스 – 시민에 의한 직접 민주주의의 시작
> 2단계: 근대 유럽 – 시민혁명과 자유주의 민주주의의 기초
> 3단계: 19세기~20세기 초 – 보통선거와 참정권의 확대
> 4단계: 20세기 중반 이후 – 민주주의의 세계적 확산과 심화
> 5단계: 21세기 – 참여와 신뢰의 위기, 디지털 민주주의의 가능성"

질문하면서 배우기

개념을 배울 때는 이해가 안되는 부분을 챗GPT에게 질문할 수 있다. 예를 들어 다음과 같이 질문할 수 있다. "내가 이해한 게 맞나? 블록체인은 결국 여러 사람이 같은 정보를 나눠 가져서 조작을 방지하는 기술이라는 뜻이야?"라고 물어보면, 챗GPT는 이해한 내용이 맞는지, 아니면 다른 의미인지를 자세히 설명해준다. 개념을 이해했다면, 이제 궁금 내용을 추가로 질문할 수도 있다.

"그러면 블록체인의 단점은 뭐야?", "블록체인이 적용되지 않은 분야는 왜 그런 거야?" 이와 같은 추가 질문을 통해 모르던 개념을 체계적으로 깊게 배울 수 있다.

이렇게 챗GPT를 활용하면 어떤 복잡한 개념도 차근차근 이해할 수 있다. 마치 인내심 많은 개인 교수가 내 수준에 맞춰서 설명해주는 것 같다. 더 이상 어려운 개념 때문에 포기하지 말고, 챗GPT와 함께 차근차근 배워보자.

3-3

챗GPT로 영어 학습 완전정복

음성 대화로 스피킹 연습하기

챗GPT로 외국어를 공부함에 있어 가장 혁신적인 기능은 음성으로 대화할 수 있다는 점이다. 더 이상 혼자 중얼거리거나 거울을 보고 연습할 필요가 없다.

스마트폰으로 챗GPT를 열고, 채팅창 우측 하단의 음성버튼을 누르면 대화가 시작된다. 친구에게 얘기하듯 편하게 질문하면 된다. 예를 들어 "내가 영어 공부를 하려고 하는데, 네가 선생님이 되어서 영어로 대화를 해줄 수 있어?"와 같이 편하게 질문한다. 그러면 챗GPT는 "물론이지! 어떤 주제로 이야기해볼

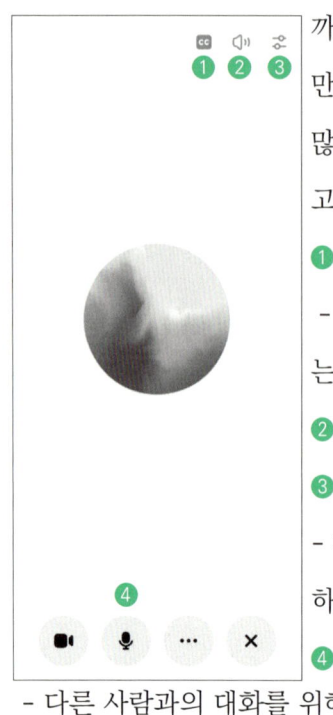

까?"라고 응답한다. 그 순간부터 챗GPT는 나만의 회화 선생님이 된다.

많은 기능이 있지만 중요한 몇 가지 기능만 알고 있어도 문제없이 사용할 수 있다.

❶ CC: 대화내용 보기 / 끄기 중 선택

 - 챗GPT의 음성답변을 동시에 글로 볼 수 있는 기능이다.

❷ 소리: 폰 / 스피커 중 선택

❸ 음성 모델: 챗GPT 음성 모델 선택

- 챗GPT는 다양한 음성 모델을 지원하고, 원하는 모델을 선택할 수 있다.

❹ 마이크: 마이크를 켜거나 끌 수 있다.

 - 다른 사람과의 대화를 위해 챗GPT와의 대화를 잠시 멈춰야 할 때 사용하면 좋다.

이제 마이크를 켜고, 대화를 시작해보자. "간단한 영어 회화를 시작하고 싶어"라고 얘기하거나, "I want to practice basic conversation"라고 말해보자. 대화 중 모르는 단어나 표현이 있으면, 바로 "방금 말한 문장을 다시 천천히 말해줄래?"라거나 "그 단어 뜻을 설명해줘"라고 요청할 수도 있다. 주제는 당연히 자신이 원하는 내용으로 정하면 된다. 자기소개, 취미, 일상 이야기 등 부담 없는 주제로 시작해보자. 주제가 생각나지 않는다면 주제를 추천해달라고 해도 된다.

좀 더 도전적으로 하고 싶다면 역할을 지정해서 할 수도 있다. "상점에서 물건 사는 역할극을 해줘. 네가 직원을 해줘. 내가 손님을 할게."라고 요청해 상황극을 해볼 수 있다. 쇼핑, 식당, 호텔 등 다양한 상황을 연출해서 실제 상황에서 사용는 표현들을 배울 수 있다.

또는 발음 교정과 억양 연습을 할 수도 있다. 방법은 간단하다. 챗GPT는 내 발음을 듣고 어떤 부분이 어색한지 알려준다. "내 발음이 어떤지 확인해줘." 또는 "Could you check my pronunciation?"라고 한 문장을 읽어보자. 그러면 어떤 단어의 발음이 어색한지, 어떻게 개선할 수 있는지 구체적으로 알려준다.

특히 한국인들이 어려워하는 'R'과 'L' 발음, 'TH' 발음 등을 집중적으로 연습할 수도 있다. 다음은 챗GPT와의 발음을 교정한 대화이다.

질문: "영어 공부를 하고 싶은데 네가 발음 교정을 해줬으면 해"

챗GPT: "물론이죠! 원하시는 단어나 문장을 말씀해 주시면, 정확한 발음을 알려드릴게요. 어떤 단어부터 시작해 볼까요?"

질문: "네가 문장을 추천해줘."

챗GPT: 좋아요! 영어 공부에 유용한 문장 하나 추천해 드릴게요. "Practice makes perfect." 이 문장은 "연습이 완벽을 만든다"는 의미입니다. 한번 따라 해보시겠어요?

질문: "Practice makes perfect."

챗GPT: 발음이 좋습니다! 조금 더 자연스럽게 하려면, "prac"에서 "tice"로 넘어갈 때 부드럽게 연결하는 것이 포인트예요. 계속 연습해 보시면 더 좋아질 거예요!

질문: "지금 해볼까?"

챗GPT: 네, 해보세요! 함께 연습해 봐요.

질문: "Practice makes perfect."

챗GPT: 좋아요! "prac"까지 잘하셨습니다. 이제 "tice" 부분도 이어서 해볼까요? "Practice"를 한번에 자연스럽게 연결해 보세요.

질문: "Practice"

챗GPT: 네, 정확합니다! 잘하셨어요. 이제 "makes perfect"도 같이 해보실까요? "Practice makes perfect." 전체 문장을 연습해 보셔도 좋습니다.

질문: "Makes perfect."

챗GPT: "잘하셨어요! 조금만 더 부드럽게 연결하면 더 자연스러울 거예요. 계속 연습해 보세요!"

질문: "Makes perfect."

챗GPT: "네, 발음이 훨씬 자연스러워졌어요! 이제 "Practice makes perfect" 전체를 연결해서 말해 보시면 더 좋을 것 같습니다. 계속 연습하시면 완벽해질 거예요!"

질문: "Practice makes perfect."

챗GPT: "아주 잘하셨어요! 발음이 많이 자연스러워졌네요. 계속 연습하시면 더 자신감 있게 말할 수 있을 거예요. 도움이 필요하면 언제든 말씀해 주세요!"

이렇게 영어 선생님과 대화하듯 영어 연습을 할 수 있다.

문법 완전 정복

문법 공부가 어렵다면 챗GPT에게 도움을 요청해보자. "a와 an의 사용법 차이를 알려줘"라고 하면 관사 사용법을 쉽게 설명해준다. 또는 "to부정사와 동명사의 사용법 차이를 알려줘"와 같은 질문을 할 수도 있다. 복잡한 문법 규칙도 예문과 함께 설명해주니까 훨씬 이해하기 쉽다. 또한 공부한 내용으로 시험 문제를 내달라고 하면 언제든 시험 문제를 만들어준다. 심지어 새벽 2시에도 만들어준다.

매일 비즈니스 영어 문장 공부하기

회사에서 영어를 사용하는 사람이라면, 비즈니스 영어 문장 5개를 요청해서 읽어달라고 할 수도 있다. 문장을 보고 읽어보며, 외우고 발음 교정도 받을 수 있다. 다음은 대화 예시이다.

질문: "비즈니스 영어 공부를 하고 싶어. 다섯 문장만 만들어줘"

챗GPT: 물론이죠! 비즈니스 영어에 유용한 문장 몇 가지를 알려드릴게요.
"Could you please provide an update on the project status?" (프로젝트 상태에 대해 업데이트해 주실 수 있나요?)
"Let's schedule a meeting to discuss this further." (이 문제에 대해 더 논의하기 위해 회의를 잡죠.)

(중략)

이 문장들을 연습해 보시고, 필요하시면 더 알려드릴게요!

질문: "첫 번째 문장부터 연습해보자."

챗GPT: 좋아요! 첫 번째 문장, "Could you please provide an update on the project status?"를 연습해 보겠습니다. 함께 천천히 따라 해보세요: "Could you please provide an update on the project status?"

질문: "Could you please provide an update on the project status?"

챗GPT: 좋아요! 발음이 꽤 좋습니다. "Update" 부분에서 조금 더 부드럽게 말하면 자연스러울 거예요. 다시 한번 차근차근 따라 해보실까요?
"Could you please provide an update on the project status?"
질문: "Could you please provide an update on the project's status?"
챗GPT: 네, 훨씬 자연스러워졌어요! 아주 잘하셨습니다. 이렇게 계속 연습하시면 비즈니스 영어도 금방 익숙해지실 거예요. 다음 문장도 연습해 보실까요?

회화뿐만이 아니라 업무적으로 영어 메일을 주고받는 사람이라면 언제든 원어민 선생님처럼 도움을 받을 수도 있다. 영어 메일을 쓴 다음 본문을 넣고 영문 이메일에 맞게 수정해달라고 하면 바로 수정을 해준다. 톤을 정중하게 해달라고 할 수도 있고, 간결하게 정리해달라고 할 수도 있다. 심지어 일정을 표로 만들어 달라고 할 수도 있고, 일정을 추천해달라고 할 수도 있다.

학습 계획 세우기

토익 공부를 하고 있다면, 챗GPT와 학습 계획을 세워보자. 구체적으로 상황을 설명하면 그에 맞는 계획을 세워준다.
월별 전략 로드맵부터 주간 학습 루틴 예시, 추천 교재 등을 알려준다. 여기서 더 궁금한 내용이 있으면 항목별로 세부적인 질문을 하면 된다.

"토익 600점에서 800점으로 올리고 싶어. 6개월 안에 달성하고 싶고, 하루에 2시간 정도 공부할 수 있어. 직장인이라 평일 저녁과 주말을 주로 활용해야 해"

좋습니다! 토익 600점에서 800점까지는 **명확한 전략과 꾸준한 학습**으로 충분히 달성 가능한 목표입니다. 직장인의 일정과 학습 스타일을 반영하여, 아래와 같이 **6개월 플랜**을 구성해 드리겠습니다.

✅ 전체 목표 요약

- **목표 점수**: TOEIC 800점 이상
- **현재 수준**: 약 600점
- **학습 기간**: 6개월 (약 24주)
- **투자 시간**: 하루 2시간 (평일 저녁 + 주말 집중)

📅 월별 전략 로드맵

기간	목표	학습 전략
1~2개월 차	기본기 다지기 (기초 문법·어휘·청해 훈련)	- RC: 기초 문법 (시제, 수동태, 관계사, 접속사) 복습 - LC: 파트 1, 2 중심으로 듣기 연습 - 어휘: 빈출 단어 300~500개 암기 - 매주 1회 미니 모의고사
3~4개월 차	실전 중급력 다지기 (문제 유형 파악 & 시간 조절)	- RC: 파트 5, 6 집중 연습 (문제풀이 훈련) - LC: 파트 3, 4 집중 (대화 흐름/표 해석 등) - 어휘: 빈출 어휘 확장 (~800개) - 매주 1회 정규 모의고사 풀이 + 오답 분석
5~6개월 차	실전 대비 및 약점 보완	- 매주 1~2회 정규 모의고사 - 오답노트 정리 및 문법 약점 보완 - 실전 시간 안배 훈련 - LC 집중 듣기 (속도 & 집중력 강화) - 파트 7 지문 독해력 훈련

📚 추천 교재

영역	추천 교재
RC	해커스 토익 RC, ETS 토익 정기시험 기출문제집 RC
LC	해커스 토익 LC, ETS LC 기출문제집
단어	토익 보카 (해커스, 능률 등) or 어플: 보카빌더, 단어장
모의고사	ETS 정기시험 기출 1000제 / 해커스 실전 1000제

🔄 주기적 체크 포인트

- 1개월마다 **모의고사 점수 기록**
- **오답노트/취약 파트 기록**하여 약점 보완
- 목표 달성까지 **누적 공부 시간 기록** (예: 6개월간 300시간 이상 확보)

📅 **주간 학습 루틴 예시 (직장인 기준)**

요일	시간	학습 내용
월요일	20:00~22:00	문법 + 어휘 정리 (1시간) / RC 파트 5 문제 풀이 (1시간)
화요일	20:00~22:00	LC 파트 1, 2 듣기 연습 (30분) / 쉐도잉 연습 + 스크립트 확인 (1.5시간)
수요일	20:00~22:00	RC 파트 6, 7 지문 독해 + 문법 복습
목요일	20:00~22:00	LC 파트 3, 4 집중 듣기 / 문제 풀기
금요일	20:00~22:00	단어 테스트 + 오답 정리 / 기출 리뷰
토요일	오전 (2~3시간)	정규 모의고사 1회 / 오답 정리
일요일	오전 (2~3시간)	파트별 집중 보완 학습 / 리스닝 쉐도잉 & 리뷰

📅 **주간 학습 루틴 예시 (직장인 기준)**

요일	시간	학습 내용
월요일	20:00~22:00	문법 + 어휘 정리 (1시간) / RC 파트 5 문제 풀이 (1시간)

💡 **꿀팁**

- **LC는 자투리 시간 활용** (출퇴근 시 듣기)
- **오답 분석이 성적 향상의 핵심** (틀린 이유 반드시 파악)
- **주 1회 이상 실전 모의고사**로 점수 감각 유지
- **'말하기' 연습도 병행**하면 LC 집중력 + 어휘력 상승

필요하시면, **월별 학습 계획표 Excel 파일**이나
매일 해야 할 공부를 자동으로 정리해주는 시스템도 만들어 드릴 수 있습니다.
더 구체적인 요청이 있으시면 알려주세요!

챗GPT와 함께 현재 실력을 평가하고, 목표를 설정하고, 단계별로 공부할 내용을 만들어보자.

그 외에도 영어 면접이나 토익을 준비할 때도 큰 도움이 된다. 이렇게 챗GPT를 활용하면 영어 공부가 훨씬 재미있고 효과적으로 할 수 있다.

더 이상 비싼 학원에 다니지 않아도 되고, 원어민 친구를 찾지 않아도 된다. 24시간 언제든지 내 옆에 있는 영어 선생님이 생긴 것이다. 매일 조금씩 챗GPT와 영어로 대화하는 습관을 들이면 분명히 영어 실력이 늘 것이다.

3-4
학습 계획표 작성하기

챗GPT와 함께 학습 계획을 세우면 마치 개인 학습 컨설턴트처럼 내 상황을 분석해서 맞춤형 계획을 세워주고, 실행 과정에서 지속적으로 피드백과 조언을 해준다. 무엇보다 실현 가능한 계획을 세워서 끝까지 완주할 수 있도록 도와준다.

현재 상황 파악부터 시작하기
학습 계획을 세우기 전에 먼저 현재 상황을 정확히 파악해야 한다. 챗GPT에게 "학습 계획을 세우는데 도움이 필요해. 어떤 정보를 알려줘야 할까?"라고 물어보면 체계적으로 현재 상황을 분석해준다.
"현재 영어 실력이 어느 정도인지, 하루에 몇 시간 공부할 수 있는지, 언제까지 목표를 달성하고 싶은지, 어떤 방식으로 공부하는 것을 선호하는지" 등의 질문을 통해 개인 맞춤형 계획의 기초를 마련한다.

진도 관리와 점검 시스템

계획을 세우는 것만큼 중요한 것이 진도 관리다. "매주 진도를 점검하는 방법을 알려줘"라고 하면 효과적인 진도 관리 방법을 제시한다.

"매주 일요일 저녁에 이번 주 학습 내용을 정리하고, 다음 주 계획을 점검하자"는 식으로 구체적인 루틴을 제안한다. 그리고 "계획 대비 실제 달성률을 퍼센트로 계산해보자"는 식으로 정량적 평가 방법도 알려준다.

난이도 조절과 계획 수정

학습을 진행하다 보면 계획이 너무 어렵거나 너무 쉬울 수 있다. "계획이 너무 빡빡해서 따라가기 힘들어. 계획을 조정해줘"라고 하면 현실적인 수준으로 조정해준다.

"현재 진도가 예상보다 빠르게 나가고 있어"라고 하면 좀 더 도전적인 목표를 제시하거나 추가 학습 내용을 제안한다. 유연하게 계획을 수정할 수 있게 도와준다.

동기 유지 전략

학습에서 가장 어려운 부분은 꾸준히 하는 것이다. "공부 동기를 유지하는 방법을 알려줘"라고 하면 실용적인 조언을 해준다.

"매일 작은 성취를 기록하기, 주간 보상 시스템 만들기, 학습 친구 만들기" 같은 구체적인 방법을 제시한다. 또한 슬럼프가 올 때 어떻게 극복할 것인지에 대해 대비책도 미리 세울 수 있다.

시험 대비 특화 계획

특정 시험을 준비한다면 시험 특성에 맞는 계획을 세워준다. "토익 시험

2개월 전부터는 실전 모의고사 위주로 공부해야 해"라고 하면 시험 전략까지 포함한 계획을 제시한다.

"시험 1주일 전에는 새로운 내용보다는 기존 내용 복습에 집중하자"는 식으로 시험 직전 전략도 알려준다.

사람마다 학습 스타일이 다르다. "나는 시각적 학습자야. 어떻게 공부하는 게 좋을까?"라고 하면 시각적 학습자에게 맞는 방법을 알려준다. "마인드맵 활용하기, 도표와 그래프로 정리하기, 컬러 펜으로 구분하기" 같은 구체적인 방법을 알려준다. 청각적 학습자라면 "소리내어 읽기, 오디오 자료 활용하기" 같은 방법을 제안한다.

실전 활용 예시

"대학 입시를 위한 1년 학습 계획을 세워줘"라고 구체적으로 요청해보자. 그러면 "현재 성적과 목표 대학, 약점 과목이 무엇인지" 먼저 파악하고, 그에 맞는 월별 계획을 세워준다.

"3월에는 기초 개념 정리, 6월에는 문제 풀이 집중, 9월에는 실전 모의고사, 12월에는 최종 점검" 같은 식으로 시기별 전략을 제시한다.

계획 실행의 현실적 조언

"계획을 세웠는데 실행이 안 돼"라고 하면 실행력을 높이는 구체적인 방법을 알려준다. "하루 목표를 달성하면 작은 보상주기, 공부 환경 정리하기, 스마트폰 사용 시간 제한하기" 같은 실용적인 팁을 제공한다.

또한 "완벽하지 않아도 괜찮다는 마음가짐 갖기, 80% 달성도 성공이라고 생각하기" 같은 심리적 조언도 해준다.

이렇게 챗GPT와 함께 학습 계획을 세우면 혼자서는 만들기 어려운 체계적이고 현실적인 계획을 세울 수 있다. 더 중요한 점은 계획을 실행하는 과정에서 지속적으로 피드백과 조언을 받을 수 있다는 점이다. 더 이상 계획만 세우고 실행하지 못하는 일은 없을 것이다.

3-5

독서·논문·강의 요약과 분석 완전 활용법

두꺼운 책을 읽어야 하는데 시간이 부족하거나, 어려운 논문을 이해해야 하는데 전문 용어가 많아서 머리가 아프거나, 온라인 강의를 들었는데 핵심 내용을 놓쳤을 때가 있다. 이런 상황에서 챗GPT는 정말 유용한 도구이다. 마치 독서 토론회의 리더처럼 책의 핵심을 짚어주고, 연구 조교처럼 논문을 분석해주고, 강의 필기를 깔끔하게 정리해주는 개인 비서 같은 역할을 한다. 한 달 걸릴 작업을 하루 만에 끝낼 수 있게 해주는 마법 같은 도구다.

독서 완전 정복하기

책을 읽기 전에 먼저 챗GPT에게 "『사피엔스』라는 책에 대해 간단히 소개해줘"라고 물어보자. 저자 소개부터 주요 내용, 이 책이 왜 중요한지까지 미리 파악할 수 있다. 배경지식이 있으면 책을 읽을 때 훨씬 이해하기 쉽다.

책을 읽는 도중에 어려운 부분이 나오면 사진을 찍어서 올리고 "이 부분을 쉽게 설명해줘"라고 하면 복잡한 경제 이론이나 철학적 개념도 쉬운 언어로 번역해준다.

책을 다 읽고 나서 "이 책의 핵심 메시지 5가지를 정리해줘"라고 하면 읽은 내용을 체계적으로 정리해준다. 시간이 지나서 책 내용이 기억나지 않을 때 다시 보면 좋다.

독서 감상문과 서평 쓰기

독서 감상문을 써야 하는데 어떻게 시작해야 할지 모르겠다면 챗GPT에게 도움을 요청하자. "『정의란 무엇인가』를 읽고 감상문을 쓰려는데 어떤 관점에서 접근하면 좋을까?"라고 하면 다양한 관점을 제시해준다. "이 책에서 가장 인상 깊었던 부분이 뭔지 물어보고, 그 이유를 설명해줘"라고 하면 감상문의 핵심 내용을 구성하는 데 도움이 된다. 단순히 줄거리를 요약하는 것이 아니라 개인적인 생각과 느낌을 중심으로 쓸 수 있게 도와준다.

서평을 쓸 때는 "이 책의 장점과 단점을 객관적으로 분석해줘"라고 하면 균형 잡힌 시각을 제공해준다. 그리고 "이 책을 누구에게 추천하면 좋고, 그 이유를 알려줘"라고 하면 추천인과 추천 포인트도 알려준다.

학술 논문 분석하기

대학생이나 대학원생들이 가장 어려워하는 부분이 논문 읽기다. 영어로 된 논문은 더욱 어렵다. 논문의 초록(Abstract)을 챗GPT에게 보여주고 "이 논문이 무엇에 관한 연구인지 쉽게 설명해줘"라고 하면 연구 목적과 방법, 결과를 이해하기 쉽게 정리해준다.

"이 논문의 연구 방법론을 설명해줘"라고 하면 실험 설계나 분석 방법을 자세히 설명해준다. 통계적 방법이나 실험 설계를 이해하지 못하더라도 전체적인 접근 방식을 파악할 수 있다.

논문의 결론 부분을 보여주고 "이 연구 결과가 왜 중요한지 설명해줘"라고 하면 연구의 의의와 한계점을 정리해준다. 이후 연구 방향까지 제시해주니까 해당 분야의 전체적인 흐름을 이해할 수 있다.

문헌 리뷰와 연구 설계

졸업 논문이나 연구 프로젝트를 준비할 때 문헌 리뷰가 필수다. "이 주제와 관련된 주요 연구들을 정리해줘"라고 하면 해당 분야의 핵심 연구들을 시대순으로 정리해준다. 각 연구의 기여도와 한계점도 함께 분석해준다.

"이 연구들 사이의 공통점과 차이점을 비교해줘"라고 하면 연구 동향을 파악할 수 있다. 그리고 "아직 연구되지 않은 부분이 뭐가 있을까?"라고 하면 연구 아이디어까지 제시해준다.

온라인 강의 활용하기

온라인 강의를 들을 때 중요한 부분을 놓쳤거나, 강의 내용을 정리하고 싶을 때 챗GPT가 도움이 된다. 강의 스크립트나 자막을 복사해서 "이 강의 내용을 핵심만 정리해줘"라고 하면 깔끔하게 요약해준다.

"이 강의에서 가장 중요한 개념 3가지를 뽑아줘"라고 하면 핵심 개념을 추출해준다. 그리고 각 개념에 대한 추가 설명도 요청할 수 있다.

강의를 들은 후에는 "이 내용을 바탕으로 퀴즈를 5개 만들어줘"라고 하면 복습용 문제를 만들어준다. 스스로 이해도를 점검할 수 있다.

전문서적 독파하기

의학, 법학, 공학 등 전문 분야의 책은 일반인이 읽기 어렵다. 하지만 챗GPT와 함께 읽으면 훨씬 쉽다. "이 의학 용어를 쉽게 설명해줘"라고 하면 전문 용어를 일반인도 이해할 수 있게 번역해준다.

복잡한 법률 조문도 마찬가지다. "이 법률 조항이 실제로 무엇을 의미하는지 예시를 들어서 설명해줘"라고 하면 구체적인 상황을 통해 이해할 수 있게 해준다.

다양한 관점에서 분석하기

같은 내용이라도 다양한 관점에서 분석하면 더 깊이 이해할 수 있다. "이 책을 경제학적 관점에서 분석해줘"라고 하면 경제학자의 시각으로 분석해준다. 또는 "심리학적 관점에서는 어떻게 해석할 수 있을까?"라고 하면 또 다른 시각을 제공해준다.

"이 논문의 결과를 현실에 적용하면 어떤 문제가 있을까?"라고 하면 이론과 실제의 차이점을 짚어준다. 비판적 사고 능력을 기를 수 있다.

독서 토론 준비하기

독서 모임이나 토론 수업을 준비할 때도 챗GPT가 도움이 된다. "이 책에 대해 토론할 때 어떤 쟁점들이 있을까?"라고 하면 토론 주제를 제시해준다. 그리고 각 주제에 대한 다양한 입장도 정리해준다.

"반대 의견을 제시해줘"라고 하면 내 생각과 다른 관점을 제시해준다. 토론에서 상대방의 입장을 미리 파악할 수 있어서 더 나은 토론을 할 수 있다.

논문 작성 지원

논문을 쓸 때 가장 어려운 부분 중 하나가 서론 작성이 아닐까 싶다. "이 주제의 논문 서론을 어떻게 구성하면 좋을까?"라고 하면 서론의 구조와 포함해야 할 내용을 알려준다.

"이 문장을 더 학술적으로 표현해줘"라고 하면 논문에 적합한 문체로 바꿔준다. 또는 "이 논리에 빈틈이 있는지 확인해줘"라고 하면 논리적 오류를 찾아준다.

지식의 연결과 확장

읽은 책이나 논문을 바탕으로 시험을 준비해야 할 때 챗GPT가 유용하다. "이 내용을 바탕으로 객관식 문제 10개를 만들어줘"라고 하면 실제 시험과 비슷한 문제를 만들어준다.

"이 개념들을 연결해서 논술형 문제를 만들어줘"라고 하면 통합적 사고를 요구하는 문제를 만들어준다. 시험 대비뿐만 아니라 깊이 있는 이해에도 도움이 된다.

하나의 책이나 논문을 읽고 나서 "이 내용과 관련된 다른 책들을 추천해줘"라고 하면 추가로 읽을 만한 자료들을 제시해준다. 지식을 체계적으로 확장할 수 있다.

"이 이론을 다른 분야에 적용하면 어떻게 될까?"라고 하면 창의적 사고를 도와준다. 융합적 사고 능력을 기를 수 있다.

실용적 활용 팁

효율적으로 활용하려면 핵심 내용을 미리 파악하고 구체적으로 질문하는 것이 좋다. "이 책 전체를 요약해줘"보다는 "이 책의 3장에서 다룬 주요 이론을 설명해줘"라고 구체적으로 질문하는 것이 더 좋다.

또한 일방적으로 요약만 받지 말고 "내가 이해한 게 맞나?"라고 하면서 확인하는 과정도 거치자. 그래야 정확하게 이해했는지 점검할 수 있다.

이렇게 챗GPT를 활용하면 독서와 학습이 훨씬 효율적이고 즐거워진다. 혼자서는 이해하기 어려운 내용도 쉽게 파악할 수 있고, 다양한 관점에서 분석할 수 있다. 더 이상 두꺼운 책이나 어려운 논문이 부담스럽지 않게 된다. 챗GPT라는 최고의 학습 파트너가 있으니까 말이다.

4-1 메시지와 이메일 완전 정복

4-2 자기소개서와 이력서 작성

4-3 블로그 포스팅과 SNS 글쓰기

4-4 소설, 시, 에세이 창작하기

4-5 아이디어 브레인스토밍

4-6 리뷰와 평가 글쓰기

4장

글쓰기와 창작 도우미

4-1
메시지와 이메일 완전 정복

업무용 이메일의 격식과 효율성

업무용 이메일에서 가장 중요한 것은 명확함과 예의다. 챗GPT에게 "거래처에게 보낼 미팅 요청 이메일을 작성해줘"라고 하면서 구체적인 상황을 설명하면 완벽한 비즈니스 이메일을 받을 수 있다.

"○○ 회사 김대리님께 다음 주 화요일 오후 2시에 신제품 관련 미팅을 요청하는 이메일을 정중하면서도 간결하게 써줘."라고 구체적으로 요청하면 제목부터 본문, 마무리까지 완성된 이메일을 써준다.

챗GPT:
제목: [미팅 요청] 신제품 관련 논의 - 8월 6일(화) 오후 2시
본문:
안녕하세요, 김대리님.
저는 [당신의 이름]입니다. 신제품 관련하여 함께 논의드리고 싶은 사항이 있습니다. 가능하시다면 다음 주 화요일(8월 6일) 오후 2시에 미팅

을 요청드리고자 합니다.
바쁘시겠지만 잠시 시간 내주실 수 있을까요? 장소나 방식(ZOOM 등)은 편하신 대로 맞추겠습니다.
가능 여부 회신 주시면 감사하겠습니다. 좋은 하루 되세요.
감사합니다.[당신의 이름 드림]

특히 어려운 상황에 대한 이메일일수록 챗GPT가 유용하다. "납기 지연을 알리는 사과 이메일을 써줘. 진심어린 사과와 함께 대안도 제시해야 해"라고 하면 고객의 마음을 달래면서도 신뢰를 유지할 수 있는 내용을 작성해준다.

챗GPT:

제목: [납기 지연 사과] 제품 배송 일정 관련 안내드립니다

본문:

안녕하세요, [고객사명/담당자명]님.
먼저 깊은 사과의 말씀을 드립니다. 당초 약속드린 납기일에 맞춰 제품을 전달드려야 함에도 불구하고, 부득이한 사유로 일정에 차질이 발생하게 되었습니다.
현재 [지연 사유 간단 설명 – 예: 주요 부품의 공급 지연 및 생산 일정 차질 등]으로 인해 예상보다 일정이 미뤄지고 있으며, **변경된 납기일은 [새로운 납기일]**로 조정되어 진행될 예정입니다.
이번 지연으로 인해 불편과 혼란을 끼쳐 드린 점, 다시 한 번 진심으로 사과드립니다.
대안으로 다음과 같은 조치를 준비하고 있습니다.

  1. **긴급 필요 수량 선출고**: 필요한 경우, 우선적으로 일부 수량을 먼저

> 출고해드릴 수 있습니다.
> 2. **배송 완료 후 보상 방안 협의**: 납기 지연으로 인한 불편을 덜어드릴 수 있도록 별도의 보상 방안을 논의드리고자 합니다.
>
> 가능한 대응 방향을 알려주시면, 최선을 다해 맞춤 지원해 드리겠습니다. 이번 일을 계기로 보다 철저한 일정 관리와 사전 대응 체계를 강화하겠습니다.
> 거듭 양해 부탁드리며, 조속히 원활한 공급이 이루어지도록 최선을 다하겠습니다.
> 감사합니다.

상황별 이메일 톤 조절하기

같은 내용이라도 받는 사람과의 관계에 따라 톤을 달리해야 한다. '상급자에게'라는 단어를 넣으면 "검토 부탁드립니다" 등의 정중한 문구가 들어가고, '동료에게'라는 단어가 들어가면 "한번 봐줄래?"라는 단어와 같은 친근한 문구가 들어간다.

"처음 연락하는 거래처에게 보내는 이메일이야"라고 하면 첫인상을 고려한 신중한 표현을 사용하고, "오랫동안 함께 일한 파트너에게 보내는 거야"라고 하면 좀 더 편안한 톤으로 작성해준다.

해외 거래처에게 보내는 영문 이메일도 마찬가지다. "미국 회사에게 보내는 정중한 비즈니스 이메일로 써줘"라고 하면 현지 비즈니스 문화에 맞는 표현을 사용한다.

개인용 메시지의 진정성

메일 외에도 챗GPT는 마음을 전하는 개인적인 메시지를 작성하는데에도 유용하다. "결혼 축하 메시지를 써줘. 대학 동기인데 오랫동안 연락 못했던 친구야"라고 하면 관계의 특성을 고려한 따뜻한 메시지를 작성해준다. 너무 격식 차리지 않으면서도 진심이 느껴지는 내용으로 말이다.

챗GPT:
오랜만이야, 잘 지내고 있었지?
결혼 소식 들었어! 진심으로 축하해! 대학 시절 함께 웃고 떠들던 기억이 아직도 생생한데, 이제는 새로운 인생의 챕터를 시작한다니 정말 기쁘고 뿌듯하다.
비록 요즘은 자주 연락하지 못했지만, 너의 행복한 소식을 들으니 마음이 따뜻해진다. 서로를 아껴주는 멋진 부부가 되길 진심으로 바랄게. 앞으로의 날들이 사랑과 웃음으로 가득하길!
언제 한 번 얼굴 보면서 이야기 나눌 수 있으면 좋겠다.
행복하게 잘 살아!

부고 소식에 조의를 표할 때도 도움을 받을 수 있다. "회사 동료의 부모님 부고에 조의 메시지를 써줘"라고 하면 슬픔을 공감하면서도 위로가 되는 적절한 표현을 사용해 작성해준다.

챗GPT:
[동료 이름]님, 부고 소식을 듣고 너무나 마음이 아픕니다. 깊은 애도를 표하며, 삼가 고인의 명복을 빕니다.
지금 많이 힘드실 텐데, 부디 건강 잘 챙기시고 필요하신 일이 있다면 언제든 말씀해주세요. 마음 깊이 위로의 말씀을 전합니다.

감사 인사와 사과의 기술

감사 인사나 사과는 단순해 보이지만 진심을 전달하기가 쉽지 않다. "프로젝트 도움받은 것에 대한 감사 메일을 구체적으로 어떤 도움을 받았는지 언급해서 써줘."라고 하면 형식적이지 않은 진심어린 감사 메시지를 만들어준다. 또는 "회의 시간에 늦은 것에 대한 사과 메일을 변명하지 않고 간결하게 써줘."라고 할 수도 있다.

무언가를 요청하거나 부탁할 때 상대방이 거부감을 느끼지 않게 메일을 써달라고 할 수도 있다. "휴가 승인 요청 이메일을 업무 공백을 최소화할 계획도 포함해서 써줘."라고 하면 상급자가 승인하기 쉽도록 배려가 담긴 내용으로 작성해준다.

동료에게 도움을 요청할 때도 마찬가지다. "바쁜 동료에게 업무 도움을 요청하는 메시지를 부담주지 않게 써줘."라고 하면 상대방의 상황을 고려한 정중한 요청을 만들어준다.

거절과 대안 제시

때로는 요청을 거절해야 하는 상황도 있다. 하지만 무조건 "안 됩니다"라고 하면 관계가 나빠질 수 있다. 챗GPT에게 "미팅 요청을 거절하는 이메일을 다른 시간을 제안해서 써줘."라고 하면 거절하면서도 대안을 제시하는 부드러운 내용을 작성해준다.

"추가 업무 요청을 현재 업무량 때문에 불가능하다고 정중하게 거절하는 메시지를 써줘."라고 하면 상황을 설명하면서도 향후 가능성을 열어두는 표현을 사용한다.

축하와 격려의 메시지

좋은 소식에 축하 메시지를 보낼 때는 진심이 느껴져야 한다. "동료의 승진 축하 메시지를 그동안의 노력을 인정하는 내용으로 써줘."라고 하면 형식적이지 않은 진심어린 축하를 표현해준다.

격려가 필요한 상황에서는 "힘든 시기를 보내는 친구에게 격려 메시지를 무거우면 안 되고 힘이 되는 내용으로 써줘."라고 하면 적절한 위로와 응원을 담은 메시지를 만들어준다.

생일카드, 크리스마스 카드, 감사 카드 등에 쓸 메시지도 의외로 고민이 된다. " 감사 인사와 건강 기원 포함해서 어머니 생신 축하 카드에 쓸 메시지를 만들어줘. "라고 하면 마음이 따뜻해지는 메시지를 작성해준다. "스승의 날 감사 카드 메시지를 써줘. 고등학교 은사님께 드릴 거야"라고 하면 격식은 갖추면서도 진심이 담긴 내용을 만들어준다.

연인이나 가족에게 보내는 편지도 마찬가지다. "1년 기념일 편지를 진부하지 않으면서도 로맨틱하게 써줘."라고 하면 특별한 감정을 담은 개성 있는 편지를 작성해준다.

팔로우업과 확인 메시지

업무에서 중요한 것 중 하나가 팔로우업이다. "지난주 미팅 후 후속 조치 확인 메일을 써줘"라고 하면 상대방에게 부담주지 않으면서도 진행 상황을 확인할 수 있는 메시지를 작성해준다.

"제안서 검토 결과를 문의하는 메일을 재촉하는 느낌 없이 써줘."라고 하면 정중하면서도 관심을 표현하는 적절한 내용을 만들어준다.

SNS와 메신저 메시지

SNS나 메신저에서 사용하는 짧은 메시지도 때로는 고민이 된다. "동창회 공지 메시지를 카톡 단톡방용으로, 참석률을 높일 수 있게 써줘."라고 하면 친근하면서도 적극적인 참여를 유도하는 메시지를 만들어준다. "회사 단톡방에 올릴 회식 공지를 부담 없이 참석할 수 있는 분위기로 써줘."라고 하면 강요하지 않으면서도 즐거운 분위기를 만드는 내용을 작성해준다.

실전 활용 팁

효과적으로 활용하려면 상황과 관계, 목적을 구체적으로 설명하는 것이 중요하다. 샘플로 원하는 내용을 적어서 이메일 써달라고 요청해보자. 내용을 확인하고, 첫 번째 버전이 마음에 들지 않으면 "좀 더 친근하게", "더 격식있게", "더 간결하게" 같은 피드백을 통해 원하는 톤으로 조정해보자. 또는 내용을 좀 더 구체적으로 적어서 다시 요청해보자.

이렇게 챗GPT를 활용하면 어떤 상황에서도 적절한 메시지와 이메일을 작성할 수 있다. 더 이상 빈 화면 앞에서 첫 문장을 어떻게 시작할지 고민하지 않아도 된다. 상황에 맞는 완벽한 소통의 도구가 생긴 것이다.

4-2
자기소개서와 이력서 작성

나만의 스토리 발굴하기

취업 준비생들이 가장 많이 고민하는 것 중 하나가 바로 자기소개서와 이력서다. 챗GPT와 함께라면 나의 경험과 역량을 가장 매력적으로 포장해서 인사담당자의 눈에 띄는 자기소개서와 이력서를 만들 수 있다.

챗GPT에게 도움을 요청해보자. "자기소개서에 쓸 만한 경험을 찾는 질문을 해줘"라고 하면 체계적으로 경험을 정리할 수 있게 도와준다.

챗GPT:

기본 질문 (성격·가치관 중심)
나를 가장 잘 표현하는 단어 3가지는 무엇인가요? 왜 그렇게 생각하나요?
지금의 나를 만든 결정적인 사건이나 경험은 무엇인가요?
주변 사람들이 나에게 자주 하는 칭찬은 무엇인가요?
내가 무언가에 몰입하거나 열정을 느꼈던 순간은 언제였나요?

경험 질문 (도전·협업·문제 해결 중심)

힘들거나 낯선 상황에서 내가 주도적으로 문제를 해결한 경험은 있나요?
팀 프로젝트나 단체 활동에서 맡았던 역할과 내가 기여한 점은 무엇이었나요?
실패하거나 실수했지만 그로 인해 성장했던 경험은 무엇인가요?
목표를 정하고 끝까지 해낸 경험이 있다면 어떤 것이었나요?
예상치 못한 변수나 갈등이 생겼을 때 내가 취한 행동은 어떤 것이었나요?

성장과 배움 질문

최근 몇 년간 나의 가장 큰 변화나 성장은 무엇이었나요?
어떤 상황에서 내가 특히 책임감을 느꼈고, 어떻게 행동했나요?
스스로 부족하다고 느꼈던 점을 개선하기 위해 노력한 경험은 있나요?

직무·지원동기 연계 질문

내가 이 직무에 끌린 이유는 무엇인가요?
이 분야에 관심을 가지게 된 계기나 배경은 무엇인가요?
이 직무와 관련된 경험(학업, 인턴, 아르바이트, 동아리 등)은 무엇이 있나요?

이와 같은 질문들을 통해 평범해 보였던 경험들 속에서도 의미 있는 스토리를 발굴할 수 있다. 예를 들어 "아르바이트만 했는데 특별한 게 없어"라고 생각했던 경험도 "고객 서비스 개선을 위해 제안한 아이디어가 실제로 적용된 경험"으로 포장할 수 있다. 챗GPT가 이런 관점 전환을 도와준다.

직무별 맞춤형 자기소개서

같은 경험이라도 지원하는 직무에 따라 다르게 어필해야 한다. 마케팅 직무에 지원한다면 "창의성과 커뮤니케이션 능력"을 강조하고, 영업직에 지원한다면 "목표 달성 의지와 대인관계 능력"을 부각시켜야 한다.

"마케팅 직무에 맞는 자기소개서를 대학 축제 기획 경험을 중심으로 써줘."라고 하면 축제 기획 경험을 마케팅 역량과 연결해서 설득력 있게 작성해준다. 타겟 분석, 홍보 전략 수립, 성과 측정 등 마케팅 업무와 유사한 요소들을 부각시켜서 말이다.

"IT 개발자 직무에 맞는 자기소개서를 개인 프로젝트 개발 경험 중심으로 써줘."라고 하면 기술적 역량뿐만 아니라 문제 해결 능력, 지속적 학습 의지 등을 강조해서 작성해준다.

성장 스토리 구성하기

인사담당자들이 신입사원의 자기소개서에서 주목하는 것 중의 하나는 성장 가능성이다. 아직은 사회 경험치가 없기에 얼마나 적극적이고, 성장할 수 있는지를 유심히 보게 된다. 그래서 단순히 "이런 일을 했음"이 아니라 "이런 경험을 통해 어떻게 성장했고, 앞으로 어떻게 발전해 나갈 것인가"를 보여줘야 한다.

"대학 1학년 때 발표 공포증이 있었는데 졸업할 때는 학회 대표로 발표를 하게 된 과정을 스토리로 만들어줘"라고 하면 성장 과정을 단계별로 보여주는 설득력 있는 내용을 작성해준다. 문제 인식 → 노력 과정 → 성취 → 교훈 → 미래 계획 순서로 구성해서 말이다. 챗GPT의 글을 읽다보면 내 과거가 들여다 보이나 싶을 정도의 글을 써주기도 한다.

회사별 맞춤형 어필

같은 직무라도 회사마다 추구하는 가치와 문화가 다르다. 스타트업에 지원한다면 "도전 정신과 빠른 적응력"을, 대기업에 지원한다면 "체계적 사고와 협업 능력"을 강조해야 한다.

"삼성전자 마케팅 직무에 맞는 자기소개서를 써줘"라고 하면 삼성의 기업 문화와 가치에 맞는 표현과 사례를 사용해서 작성해준다. "글로벌 마인드", "혁신", "인재 제일" 같은 삼성의 핵심 가치와 연결해서 어필할 수 있다.

이력서 최적화

이력서는 자기소개서보다 더 간결하고 임팩트 있게 작성해야 한다. "내 이력서를 인사담당자가 30초 안에 핵심을 파악할 수 있게 개선해줘"라고 하면 가독성과 임팩트를 모두 잡은 이력서로 업그레이드해준다.

"대외활동 경험을 이력서에 어떻게 표현하면 좋을까?"라고 하면 단순히 "○○ 동아리 활동"이 아니라 "○○ 동아리 기획팀장으로서 △△ 프로젝트를 성공적으로 진행하여 □□ 성과 달성" 같은 구체적이고 임팩트 있는 표현으로 바꿔준다.

숫자와 구체적 성과 부각하기

막연한 표현보다는 구체적인 숫자와 성과를 제시하는 것이 훨씬 설득력 있다. "카페 아르바이트 경험을 임팩트 있게 표현해줘"라고 하면 "고객 만족도 향상을 위한 서비스 개선 아이디어 제안으로 월 매출 15% 증가에 기여" 같은 구체적인 성과 중심으로 표현해달라고 하면 좋다.

"동아리 활동을 정량적 성과와 함께 표현해줘"라고 하면 "100명 규모 이

벤트 기획 및 운영으로 참여자 만족도 95% 달성, 예산 대비 10% 절약"
같은 식으로 숫자를 활용한 임팩트 있는 표현을 만들어준다.

약점을 장점으로 전환하기

누구나 부족한 부분이 있다. 중요한 것은 약점을 어떻게 긍정적으로 포장하느냐다. "학점이 낮은 걸 어떻게 설명해야 할까?"라고 하면 "학업과 병행한 다양한 실무 경험을 통해 현장 감각을 기른 것"으로 포장하는 방법을 알려준다.

"전공과 다른 분야에 지원하는 걸 어떻게 어필해야 할까?"라고 하면 "다양한 관점을 가진 융합형 인재"로서의 장점을 부각시키는 방법을 제시해준다. "입사 후 어떤 일을 하고 싶은가?"에 대한 답변도 구체적이어야 한다. "마케팅 직무에서 5년 후 목표를 구체적으로 써줘"라고 하면 단계별 성장 계획과 회사에 기여할 수 있는 방안을 제시해준다.

면접 대비 답변 준비

자기소개서를 바탕으로 면접 질문에 대한 답변도 준비할 수 있다. "자기소개서 내용을 바탕으로 예상 면접 질문 10개를 만들어줘"라고 하면 실제 면접에서 나올 법한 질문들을 제시해준다.

각 질문에 대한 모범 답안도 함께 만들어준다. "이 경험에서 가장 어려웠던 점은 무엇인가요?"라는 질문에 대해 단순히 어려움만 설명하는 것이 아니라 극복 과정과 배운 점까지 포함한 완성도 높은 답변을 제시한다.

영문 이력서와 포트폴리오

외국계 기업이나 해외 취업을 준비한다면 영문 자료도 필요하다. "한국어 자기소개서를 미국 기업 문화에 맞게 영문으로 번역해줘."라고 하면 단순 번역이 아니라 현지 문화에 맞는 표현과 구성으로 작성해준다. 영문 이력서는 한국과 형식이 다르다. "미국식 이력서 형식으로 작성해줘"라고 하거나 Objective, Experience, Education, Skills 순서로 구성하고, Action Verb를 사용한 임팩트 있는 표현으로 작성해달라고 하면 좋다.

디자인, 기획, 개발 등 포트폴리오가 중요한 직무라면 "포트폴리오 작품을 자기소개서에서 어떻게 설명해야 할까?"라고 물어보자. 작품의 기획 의도, 제작 과정, 성과를 스토리로 연결해서 설명하는 방법을 알려준다.

최종 점검과 완성도

작성이 끝나면 마지막으로 전체적인 완성도를 점검하고 수정해야 한다. AI가 작성한 내용이 현실과 다를 때는 반드시 수정해야 하고, 천천히 읽어보며 문맥이 어색한 부분을 하나씩 다듬어야 한다.

AI는 분명 효율적인 도구이지만 만능은 아니다. 특히 자기소개서 작성 시에는 다른 어떤 문서보다 세심하게 검토할 필요가 있다. AI로 작성했다는 느낌이 들면, 인사담당자들이 서류를 통과시키지 않을 가능성이 높기 때문이다.

따라서 AI의 도움을 받더라도 반드시 본인만의 목소리와 경험으로 내용을 재가공하는 과정이 반드시 필요하다.

4-3

블로그 포스팅과 SNS 글쓰기

챗GPT는 블로그나 SNS를 하고 싶어도 글솜씨나 감각이 없어서 못한다고 생각하는 사람에게 최고의 선물이다. 이번 글에서 제시하는 몇 가지 원칙만 기억하면 누구나 얼마든지 좋은 글을 쓸 수 있다.

원칙 1: 구체성 – 상황을 설명하기

초보자가 흔히 하는 실수가 바로 "예쁜 글 써줘", "감성적인 글로 만들어 줘"처럼 막연한 요청을 하는 것이다. 챗GPT는 글을 써주는 도구이지만, 생각을 읽는 존재는 아니다. 원하는 결과를 얻고 싶다면 무엇에 대해, 어떤 느낌으로, 누구를 대상으로 쓸지를 구체적으로 밝혀야 한다. 예를 들어, "비 오는 날 감성적인 블로그 글 써줘"라고 하는 것과 아래처럼 구체적으로 요청했을 때의 결과의 품질이 확연하게 달라진다.

"비 오는 날, 카페 창가에 앉아 있는 풍경을 배경으로 하고, 30대 직장인 여성 독자를 대상으로, 잔잔하고 서정적인 분위기의 블로그 글을 써줘. 제목도 추천해줘."

이렇게 요청하면 제목, 서론, 본문, 결론이 명확히 정리된 글이 나오고, 읽는 사람이 공감할 수 있는 깊이가 생긴다.

다른 SNS 글도 마찬가지다. "인스타그램에 올릴 감성 글 써줘" 대신, "노을이 지는 해변 사진에 어울리는 인스타그램 캡션을 써줘. 감성적이고 짧으며, 이모지와 해시태그 5개 포함해줘." 이처럼 요청을 명확히 하면 그 결과도 정확해진다.

원칙 2: 맥락 제공 - 누가 쓰는 글인지 알려줘야 한다

챗GPT는 블로그나 SNS 글의 분위기를 바꾸는 데 매우 유용한 도구지만, 전제 조건이 빠지면 엉뚱한 결과가 나오기도 한다. 글을 쓰는 사람의 정체성, 독자의 성향, 채널의 특징 등을 설명해주면 훨씬 자연스럽고 개성 있는 글이 된다.

예를 들어 "여행 블로그에 올릴 글을 써줘"라고만 하면 평범한 여행 정보의 글이 나오지만, 아래처럼 배경을 덧붙이면 나만의 시선이 담긴 글이 완성된다.

"혼자 여행을 즐기는 30대 여성의 관점에서, 첫 유럽여행이었던 파리의 첫인상을 중심으로 감상형 블로그 글을 써줘. 일상과 감정을 함께 담고 싶어."

또는 SNS에 쓸 글이라면, "카페 리뷰 인스타그램 계정을 운영 중이야. 팔로워는 20~30대 여성이고, 주로 따뜻한 감성 톤을 좋아해. 신촌의 신상 디저트 카페를 방문한 후기를 짧고 감각 있게 정리해줘."

이런 식으로 맥락을 제공하면 챗GPT는 그에 맞는 어휘, 분위기, 문장 구조까지 조율해준다.

원칙 3: 단계별 요청 – 한 번에 다 시키지 말고 나눠서

블로그 글이나 SNS 콘텐츠는 구성, 문장, 스타일, 해시태그 등 여러 요소가 섞여 있다. 이를 한꺼번에 요청하면 답변이 산만해지기 쉽다. 그래서 복잡한 작업은 단계별로 나누어 요청하는 게 좋다.

예를 들어 여행 블로그 글을 쓴다고 하자. 아래처럼 단계별로 요청하면 훨씬 완성도 높은 결과물을 얻을 수 있다.

1. "제주도 2박 3일 여행에 대한 블로그 글의 전체 목차를 만들어줘."
2. "1일 차 내용을 본문으로 자세히 써줘. 사진이 3장 들어간다고 가정하고, 각각 사진에 어울리는 캡션도 제안해줘."
3. "이 글을 감성적인 문체로 바꿔줘. 특히 문장 마지막에 여운이 남게 해줘."

이처럼 한 단계씩 나눠 요청하면 각 부분을 수정하거나 보완하기도 훨씬 수월해진다.

원칙 4: 예시 활용 – 원하는 스타일을 보여줘라

원하는 문장의 스타일이 있다면, 직접 예시를 보여주는 것이 가장 빠른 방법이다. 챗GPT는 예시를 학습하여 유사한 톤과 구성으로 글을 만들어준다. 다음과 같이 요청해보자.

"이런 스타일의 인스타 문장을 따라 써줘: '햇살이 스며든 오후, 창가 자리에 앉아 조용히 시간을 마셨다.' 비슷한 느낌으로 카페 사진에 어울리는 감성 글 3개 만들어줘."

또는 "다음 문체를 참고해서 써줘: '사소한 풍경 하나에도 마음이 머문다. 그게 여행의 힘일지도.' 이런 느낌의 여행 블로그 글을 제주도 우도

여행기로 써줘."

이렇게 예시를 제시하면 원하는 톤과 스타일을 훨씬 빠르게 반영할 수 있다. 글쓰기 능력이 아니라, 글을 설명하는 능력이 챗GPT 활용의 핵심이다.

원칙 5: 피드백과 개선 - 결과에 만족하지 말고 더 나아가라

챗GPT가 처음 내놓는 결과가 완벽하지 않을 수도 있다. 하지만 중요한 건 피드백을 주면서 개선하는 능력이다. "이 부분이 너무 밋밋해", "더 감성적으로 써줘", "첫 문장이 강렬했으면 좋겠어." 같은 식으로 피드백을 주면, 챗GPT는 바로 다음 버전을 개선해준다.

예를 들어 블로그 글을 작성하고 나서 이렇게 말해보자. "전체적으로 말투가 너무 딱딱한 것 같아. 조금 더 부드럽고 일상적인 말투로 바꿔줘. 그리고 문단마다 제목을 넣어줘." 또는 SNS 문구를 다듬고 싶을 때 "이 문장은 괜찮은데 너무 흔한 느낌이야. 좀 더 개성 있게 바꿔줄 수 있어? 감성은 유지하면서 문장을 재구성해줘."이처럼 챗GPT를 '글쓰기 보조자'로 활용하면서 지속적인 피드백 루틴을 만들면, 매번 쓸 때마다 더 나은 결과물을 만들 수 있다.

이 다섯 가지 원칙만 기억하자. 블로그나 SNS 글쓰기도 결국은 좋은 질문이 좋은 결과를 만든다는 사실을 보여주는 대표 사례다. 글이 어렵게 느껴졌던 사람도, 프롬프트가 낯설었던 사람도, 이제는 "글쓰기? 챗GPT랑 함께 하면 되지"라고 말할 수 있게 될 것이다.

제목은 후킹의 시작이다 - 클릭하고 싶게 만들어라

SNS에서 가장 중요한 건 스크롤을 멈추게 하는 첫 문장, 즉 제목과 앞머리 문장이다. 아무리 좋은 글도 첫줄이 심심하면 읽히지 않는다. 챗GPT를 활용하면 후킹이 강한 제목도 손쉽게 만들 수 있다.

'원칙 1 구체성'을 적용하자. 그냥 "여행 이야기 제목 지어줘"가 아니라, "30대 여성이 혼자 간 파리 여행 후기 블로그 글 제목을 추천해줘. 독자의 호기심을 자극하는 스타일로 5가지 정도 보여줘." 라고 요청하자. 그러면 아래와 같은 제목을 제안해준다.

1. **"혼자 간 파리, 생각보다 덜 외롭고 훨씬 더 눈부셨다"**
   → 혼행에 대한 두려움을 깨주는 반전 느낌
2. **"에펠탑보다 기억에 남은 건, 파리의 계단이었다"**
   → 흔하지 않은 시선으로 궁금증 유발
3. **"나 홀로 파리행, 무계획이 만든 영화 같은 하루"**
   → 무계획 여행의 우연성과 낭만 강조
4. **"20대 마지막 봄, 나는 파리로 도망쳤다"**
   → 개인적인 이야기와 감정을 암시해 흥미 유도
5. **"인생 첫 혼자 여행, 파리에서 일어난 다섯 가지 일"**
   → 리스트 형식으로 궁금증 자극 + 클릭 유도에 효과적

이처럼 핵심은 타깃 독자와 분위기, 감정을 알려주는 것이다.

해시태그는 확장이다 - 검색과 공감을 동시에 노려라

해시태그는 단순히 검색 기능을 넘어서, 글의 주제와 분위기를 정리해주는 도구다. SNS에서는 사람들의 유입을 늘리는 '입구' 역할을 한다. 챗GPT는 이 해시태그도 자동으로 생성해준다. 단, 해시태그 역시 구체적

인 조건을 주어야 효과적인 태그가 만들어진다. 예를 들어, "혼자 간 제주도 여행 블로그 글이야. 풍경 중심이고 감성적인 톤이야. 이 글에 어울리는 해시태그 10개 추천해줘." 그러면 아래와 같은 결과가 나온다.
#혼자여행 #제주도감성 #풍경기록 #조용한시간 #나만의길 #일상탈출 #감성여행 #제주바다 #우도일출 #사진에담은순간

이와 같이 감성, 장소, 분위기, 키워드가 섞여 있으면, 검색 유입뿐만 아니라 공감 기반의 확산도 기대할 수 있다. SNS 성격에 따라 응용도 가능하다. 예를 들어 "트렌디한 Z세대 감성으로 바꿔줘"라고 하면, "#힐링여행 #감성한스푼 #혼행기록 #우도감성 #여기어때" 같은 신조어형 해시태그도 생성해준다.

또한, 특정 플랫폼에 맞춰 요청할 수도 있다. "이 글을 인스타그램에 올릴 거야. 플랫폼에 잘 맞는 감성 해시태그 7개만 추천해줘." 그러면 인스타 감성 중심으로 구성된 태그를 받아볼 수 있다. 해시태그는 글의 확장성과 연결성을 좌우하니, 챗GPT를 통해 전략적으로 활용하자.

이렇게 제목과 해시태그까지 챗GPT와 함께 만들면, 단순히 글만 '완성'하는 것을 넘어 '읽히는 글', '공감받는 글', '확산되는 글'까지 만들 수 있게 된다. 초보자라도 걱정할 필요 없다. 처음에는 막막해도, 좋은 프롬프트는 결국 좋은 결과를 만든다. 지금 당장 블로그나 SNS 글을 쓰기 전에, 챗GPT에게 먼저 묻는 습관을 들여보자. '무엇을 써야 할까'의 고민이 '어떻게 더 잘 쓸까'라는 즐거운 과정으로 바뀔 것이다.

4-4
소설, 시, 에세이 창작하기

소설 창작하기

챗GPT는 뛰어난 창작 파트너이다. 소설의 플롯을 짜거나, 감성적인 시나 에세이를 작성할 때 아이디어 제공부터 완성된 작품까지 전 과정에서 많은 도움을 받을 수 있다. 혼자서는 막막했던 창작 과정이 챗GPT와 함께라면 훨씬 수월해진다.

1단계: 기본 설정 만들기

소설 창작의 첫 번째 단계는 기본적인 설정을 잡는 것이다. 아래와 같이 질문해보자.

질문: 20대 직장인이 주인공인 로맨스 소설의 기본 설정을 만들어줘. 배경은 현대 한국이고, 주인공은 광고회사에서 일해.

- 주인공의 성격과 배경
- 로맨스 상대방의 설정

- 기본적인 갈등 상황

이 3가지를 포함해서 써줘.

챗GPT:

1. 주인공의 성격과 배경

이름: 정하은 (29세)

직업: 광고대행사 '블랭크크리에이티브' AE(광고기획자)

성격:
- 사람들 앞에서는 침착하고 프로페셔널하지만, 속으로는 상처를 잘 받는 섬세한 성격
- '내가 무너지면 팀이 무너진다'는 책임감으로 스스로를 혹사시키는 타입
- 감정보다는 일의 우선순위를 두며, 연애에 있어서도 마음을 쉽게 열지 않음

배경:
- 지방 출신으로 상경 후 대학 장학금으로 광고를 공부
- 현재는 팀 내 핵심 인력으로 성장했지만, 승진이나 평가에서 유리하지 않은 입장
- 오래된 연애는 2년 전 일 때문에 틀어져 끝남. 그 이후로는 일에만 몰두 중

2. 로맨스 상대방의 설정

이름: 한도윤 (31세)

직업: 클라이언트 기업 마케팅팀 팀장 (패션 브랜드 '엘루아')

성격:

- 말 수는 적지만 관찰력이 뛰어나고, 중요한 순간에는 확실히 표현하는 타입
- 겉보기에는 차가워 보이지만, 내면은 따뜻하고 솔직함
- 일할 때는 냉철하지만, 사람 사이의 정과 신뢰를 중시함

배경:
- 대기업에서 빠르게 승진한 케이스지만, 인사 이동으로 현재 브랜드로 발령
- 하은과는 첫 미팅 때부터 의견 충돌이 많았지만, 점점 그녀의 진심을 알아가게 됨
- 과거에 한 번 실연 경험이 있으며, 그 이후로 감정 표현에 신중함

3. 기본적인 갈등 상황

- 하은과 도윤은 한 광고 캠페인을 함께 진행하면서 처음 만남. 처음엔 '이기적인 클라이언트 vs 완벽주의 광고인'으로 충돌이 잦음.
- 캠페인 중 긴급한 문제 상황이 발생하고, 서로의 방식이 달라 대립하지만 그 과정에서 상대방의 진심과 취약한 면을 마주하며 점차 가까워짐.
- 하지만 도윤의 전 연인이 같은 회사의 고위직에 있고, 하은의 프로젝트 진행에 영향을 미치며 하은은 감정이 아닌 '일'과 '현실적인 구조' 사이에서 흔들림.
- 도윤 또한 자신의 감정과 조직 내 입장 사이에서 갈등하며, 둘은 일과 사랑, 그리고 자기 삶의 우선순위를 다시 정리해야 하는 상황에 놓임.

2단계: 장면 구체화하기

설정이 완성되면 구체적인 장면을 만들어본다.

질문:

위의 설정을 바탕으로 지우와 민준이 처음 만나는 장면을 써줘.
  - 회사 엘리베이터에서 만남
  - 지우가 서류를 떨어뜨리는 상황
  - 민준의 첫인상과 지우의 반응
  - 대화는 3-4번 주고받기

1000자 내외로 써줘.

챗GPT:

회사의 아침은 언제나 전쟁터 같다. 특히 광고회사라면 더더욱 그렇다. 지우는 회의 자료를 부여잡고 엘리베이터로 뛰어들었다. 손에는 커피, 어깨에는 노트북, 팔에는 프린트물이 잔뜩. 그 순간, 커피 잔이 중심을 잃었고, 서류가 엘리베이터 바닥에 쏟아졌다.

"아, 죄송해요…!"

황급히 몸을 낮춘 지우의 눈앞에, 누군가 먼저 종이를 주워 들었다. 단정한 수트, 무채색 넥타이, 정돈된 손톱. 그리고 차분한 목소리.

"조금 더 일찍 나오는 걸 추천드립니다. 월요일 아침은 늘 이러니까요."

눈을 들어 올리자, 지우는 그가 낯설지 않다는 걸 깨달았다. 저번에 클라이언트 소개 메일에 적혀 있던 이름 — 한민준. 실물이 훨씬 까다로워 보였다.

"감사합니다. 다음엔 커피 말고 숨을 들고 타야겠네요." 지우가 애써 웃어 보이자 민준은 가볍게 고개를 끄덕였다.

"블랭크에서 오신 분이죠? 오늘 오전 회의에서 뵙겠습니다."

> 지우는 입꼬리를 억지로 올렸다. 회의 전부터 클라이언트에게 민폐를 끼치다니, 출발이 심상치 않다. 엘리베이터 문이 닫히는 순간, 두 사람 사이엔 미묘한 정적이 흘렀다. 지우의 마음속엔 다짐이 하나 피어오른다. 다시는, 절대, 커피와 함께 엘리베이터를 타지 않겠다.
> (중략)

3단계: 문체와 톤 조정하기

원하는 분위기에 맞게 문체를 조정할 수 있다. 예를 들어 "위의 장면을 좀 더 유머러스하고 경쾌한 톤으로 다시 써줘."라고 할 수 있다. 또는 "민준의 대사에 농담을 넣고, 지우의 당황스러운 모습을 재미있게 표현해줘."와 같이 설정을 추가해서 다시 쓸 수도 있다.

시 창작하기

1단계: 주제와 분위기 정하기

시 창작은 감정과 이미지가 중요하다.

질문:
'첫눈 내리는 밤'을 주제로 한 서정시를 써줘.
 - 외로움과 그리움이 담긴 분위기
 - 4연 16행 구성
 - 자유시 형태
 - 은유와 비유를 사용

챗GPT:

첫눈 내리는 밤

1연 창밖으로 내리는 건 빛도, 바람도 아닌 한 사람의 오래된 침묵이었다

그건 눈이 아니라, 내 가슴에 다시 흩날리는 너였다

　(중략)

4연 첫눈은 약속도 없이 찾아와 모든 걸 덮고 사라지지만 나는 아직 네 이름 하나 지우지 못한 채 다시 내리는 겨울을 맞는다

2단계: 시상 발전시키기

더 구체적이고 개성 있는 시로 발전시킬 수 있다.

질문:

위의 시에서 '~연'을 삭제해 하나의 시로 연결해주고, 감각적인 이미지로 확장하시고, 시각, 청각, 촉각을 활용해줘. 그리고 적절한 비유를 넣어줘.

챗GPT:

첫눈 내리는 밤

창밖으로 내리는 건 빛도, 바람도 아닌 한 사람의 오래된 침묵이었다. 눈송이처럼 흩날리는 그리움이 창문에 부딪혀 조용히 깨졌다.

가로등 불빛 아래, 하얗게 떨어지는 건 눈이 아니라 너와 나 사이, 말끝마다 묻은 미안함 같았다. 골목은 고요했고 눈은 사각사각, 내 마음의 가장자리까지 번져왔다.

귓가에 바람이 스치는 소리는 네가 떠나던 날의 마지막 숨결을 닮았고, 손끝에 닿는 눈송이는 아직 식지 않은 네 목소리 같아 금세 녹아버린다. 그날의 너는, 이 밤의 첫눈처럼 예고 없이 다가와 모든 풍경을 바꿔놓고 는말없이 사라졌다. 나는 아직, 네 이름 하나 지우지 못한 채 손바닥에 쌓이는 허공을 오래 바라본다.

에세이 창작하기

1단계: 개인 경험 바탕으로 쓰기

에세이는 개인적인 경험과 생각이 핵심이다.

질문:

'30대가 되어 깨달은 것들'이라는 주제로 에세이를 써줘.
 - 개인적이고 진솔한 톤, 구체적인 일화 포함, 1500자 내외, 누구나 겪었을 법한 독자가 공감할 수 있는 내용으로 써줘.

챗GPT:

30대가 되어 깨달은 것들

스물일곱이던 어느 날, 선배가 말했다.

"서른이 되면, 모든 게 조금씩 달라져.

"그땐 고개를 끄덕이면서도 실감이 없었다. 시간이 흐르면 나이도 바뀌고, 취향도 바뀌고, 사람도 바뀐다는 말은 너무 뻔해서, 정말 그럴까? 하고 흘려들었으니까.

　　　(중략)

질문: 줄글로 써줘야지.

챗GPT:

스물일곱이던 어느 날, 선배가 말했다. "서른이 되면, 모든 게 조금씩 달라져." 그땐 고개를 끄덕이면서도 실감하지 못했다. 시간은 원래 흘러가는 것이고, 나이도 자연스럽게 먹는 거니까. 취향도 바뀌고, 만나는 사람도 바뀐다는 말은 너무 뻔해서 그저 한 귀로 듣고 흘려보냈다. 그런데 막상 서른이 지나고, 서른둘을 넘기고, 서른다섯 언저리에 이르자 '조금씩 달라진다'는 말의 진짜 의미가 하나둘 피부에 와닿기 시작했다.

예전에는 약속이 많을수록 내가 인기 많고 활발한 사람인 것처럼 느껴졌다. 퇴근 후 친구들과 저녁을 먹고, 카페에 가고, 심야 영화까지 본 다음 집에 돌아오는 길, 피곤함 속에서도 뿌듯함이 있었다. 그런데 이제는 금요일 저녁 약속이 생기면 반가움보다 체력을 먼저 걱정한다.

(중략)

30대가 되고 나서야 비로소 알게 된 것들이 있다. 적당한 거리의 소중함, 쉬는 용기의 가치, 좋아하는 것을 잃지 않고 지키는 일이 얼마나 중요한지. 삶은 여전히 불완전하고, 가끔은 두렵지만, 그럼에도 불구하고 나는 나를 더 이해하게 되었다. 그게 어쩌면, 서른의 가장 큰 선물인지도 모르겠다.

2단계: 구조화하기

직접해보면 아마도 놀랄만한 글을 만들어 줄 것이다. 그래도 좀 더 수정하고 싶다면, 자신의 실제 경험이나 생각을 덧붙여주거나, 아래와 같이 구성을 제시할 수도 있다.

질문: 위의 에세이를 다음 구조로 재구성해줘.
1. 도 입 : 생일을 맞은 순간의 감정
2. 본문1 : 20대와 달라진 관계관
3. 본문2 : 일과 삶의 균형에 대한 생각
4. 결 론 : 앞으로의 다짐

각 부분이 자연스럽게 연결되도록 써줘.

이제 더 자신의 모습과 비슷한 에세이가 나올 것이다. 그리고 글이 끝난 답변에는 이런 문구의 내용이 들어 있다.

"원하시면 특정 문단만 길게 확장하거나, 더 문학적으로 다듬은 버전도 제공해드릴 수 있습니다. 필요하신 스타일이 있다면 말씀해주세요!"

챗GPT의 문구처럼, 특정 문단을 길게 하거나, 다듬을 수도 있다.

창작 과정에서 유용한 프롬프트 기법

세부 사항 요청: 위 인물의 외모, 말투, 취미를 더 구체적으로 묘사해줘.

다른 관점으로 다시 쓰기: 같은 장면을 민준의 시점에서 다시 써줘.

감정 표현 강화하기: 주인공의 슬픔을 직접적으로 표현하지 말고 행동과 환경 묘사로 간접적으로 보여줘.

문체 변화 요청하기: 이 부분을 더 문학적이고 시적인 문체로 다시 써줘.

창작 시 주의사항

1. 저작권 문제: 챗GPT가 생성한 내용도 기존 작품과 유사할 수 있으니, 상업적 활용 전에는 반드시 검토해야 한다.

2. 개성 있는 목소리 만들기: 챗GPT의 도움을 받되, 자신만의 목소리와 스타일을 잃지 않도록 주의해야 한다.

3. 반복 수정의 중요성: 첫 번째 결과에 만족하지 말고, 여러 번 수정 요청을 통해 완성도를 높여야 한다.

4. 구체적인 피드백 주기: "더 재미있게", "더 슬프게"보다는 "유머러스한 대화 추가", "시각적 묘사 강화" 등 구체적으로 요청하는 것이 효과적이다.

실전 연습하기

이제 직접 창작해보자. 다음 중 하나를 선택해서 챗GPT와 함께 작품을 만들어보자.

1. 소설: 당신의 직업을 배경으로 한 단편소설

2. **시**: 최근 감동받은 순간을 주제로 한 자유시

3. **에세이**: 올해 가장 인상 깊었던 경험에 대한 개인 에세이

창작은 혼자 하는 외로운 작업이 아니다. 챗GPT라는 든든한 파트너와 함께 당신만의 독창적인 작품을 만들어보자.

4-5
아이디어 브레인스토밍

혼자 떠올리기 어려울 땐, 대화를 시작하라

무언가 새로운 아이디어를 떠올려야 할 때면, 오히려 머리가 하얘질 때가 있다. 광고 문구, 책 제목, 강의 주제, 기획안 아이디어 등 어디서부터 시작해야 할지 막막한 상황이라면 챗GPT와 대화를 시작해보자. 챗GPT는 단지 결과물을 뽑아주는 도구가 아니라 생각을 끌어내주는 파트너가 될 것이다.

단순한 발상을 넘어 확장된 사고를 도와주는 도구

아이디어를 얻는 데 있어서 챗GPT의 장점은 발상이 빠르고 폭넓다는 것이다. 검색 엔진처럼 단순한 정보 나열이 아니라, 주제에 맞는 맥락과 창의적 사고를 기반으로 아이디어를 도출해준다. 특히 막연한 생각만 있는 경우, '질문'을 통해 방향을 잡아주는 방식이 매우 유용하다.

예를 들어, "나만의 에코 브랜드를 만들고 싶다"고 말하면, 챗GPT는 "

대상 고객은 누구인가요?", "어떤 형태의 제품이나 서비스를 구상하셨나요?", "지속 가능성을 어떤 방식으로 전달하고 싶은가요?" 같은 질문을 던져 사고의 방향을 정리해준다.

챗GPT에게 아이디어를 요청할 때는 다음 세 가지 요소를 명확히 해야 한다.
- 주제: 어떤 분야 또는 문제에 대한 아이디어가 필요한지
- 목적: 그 아이디어를 어디에 사용할 것인지
- 제약조건: 현실적으로 고려해야 할 조건이 있는지

질문:
1인 콘텐츠 크리에이터가 운영하는 유튜브 채널에서, '하루 5분 건강 팁'이라는 주제로 활용할 수 있는 콘텐츠 아이디어를 10가지 제시해줘. 단, 장비 없이도 촬영 가능하고, 배경음악 없이도 자연스럽게 진행할 수 있어야 해.

챗GPT는 위와 같은 요청에 대해, "식전 공복 물 마시기의 과학적 근거 소개", "집에서 따라할 수 있는 스트레칭 루틴", "카페인 섭취의 장단점 설명" 등 구체적이면서도 실행 가능한 아이디어들을 제시해줄 수 있다.

상황 1: 새로운 강의 주제를 정해야 할 때

질문: 새로운 교육 강의 기획안을 짜야 해. 직장인을 대상으로 하는 온라인 강의고, '생산성'과 관련된 내용이야.

챗GPT:
좋습니다! 강의 주제 개발을 위해 아래 질문들에 먼저 답해보시면 어떨까요?

1. 대상 직장인의 연령대나 직무는 어떻게 되나요?

2. 강의 시간은 얼마나 예정되어 있나요?

3. 기존에 비슷한 강의 주제가 있다면 알려주세요.

4. 강의의 핵심 목적은 무엇인가요? (예: 시간 절약, 도구 활용, 조직 커뮤니케이션 등)

위 질문에 답해주시면, 그에 맞는 강의 제목과 개요를 제안드릴게요.

이렇게 질문을 유도받으며 대화를 이어가다 보면, 처음에 막연했던 아이디어가 점점 구체화된다. 이 방식은 기획력 향상에도 도움이 된다.

상황 2: 제품 이름을 지어야 할 때

질문: 친환경 수세미 제품을 만들었어. 제품명을 지어야 해.

챗GPT:

좋아요! 아래 질문들에 답해주시면 제품 네이밍을 도와드릴 수 있어요.

1. 주요 타깃 고객은 누구인가요?

2. 브랜드 이미지나 컨셉은 무엇인가요?
   (예: 자연 친화, 따뜻함, 혁신 등)

3. 이름이 한국어, 영어 중 어떤 언어여야 하나요?

4. 기존 시장에 비슷한 제품이 있다면 이름을 알려주세요.

답변을 바탕으로 다양한 콘셉트의 이름을 3가지 유형으로 나눠 제안드릴게요.

챗GPT의 질문에 답변을 하면, 챗GPT는 "1) 감성형, 2) 실용형, 3) 혼합형"으로 이름을 나눠서 추천해주고, 유사 상표 여부 확인 팁도 함께 제공해준다.

상황 3: 회의 아이디어 브레인스토밍을 미리 준비하고 싶을 때

질문: 내일 사내 회의에서 콘텐츠 마케팅 아이디어를 브레인스토밍해야 해. 사전에 생각을 정리해보고 싶어.

챗GPT:

회의를 위한 브레인스토밍 자료를 미리 정리해보죠. 아래 내용을 알려주세요.

1. 마케팅 대상 제품이나 서비스는 무엇인가요?
2. 타깃 고객층은 누구인가요?
3. 현재 어떤 콘텐츠가 활용되고 있나요?
4. 특별히 고려하고 싶은 형식이 있나요? (예: 유튜브, 블로그, 카드뉴스 등)

정보를 바탕으로 회의에 제안할 수 있는 콘텐츠 아이디어를 주제별로 정리해드릴게요. 또, '이슈 유도형', '정보형', '참여 유도형' 등 콘텐츠 유형도 구분해드릴 수 있습니다.

상반된 시각이나 낯선 조합 시도하기

창의적인 아이디어는 전혀 다른 개념들의 조합에서 나오는 경우가 많다. 챗GPT에게 '의외의 조합'을 의도적으로 요청하면 더 독창적인 결과를 얻을 수 있다.

질문:

'전통시장'과 '디지털 노마드'라는 키워드를 결합한 새로운 콘텐츠 기획 아이디어를 만들어줘.

이런 식으로 익숙하지 않은 조합을 시도하면 차별화된 기획으로 이어질 수 있다.

피드백을 통한 아이디어 다듬기

생성된 아이디어가 마음에 들지 않거나 미흡하다고 느껴질 때는 거기서 멈추지 말고, 피드백을 줘서 더 나은 결과로 다듬는 것이 중요하다.

질문:

이 아이디어 중 3번과 5번이 특히 마음에 드는데, 좀 더 구체적인 실행 방법과 예상되는 반응, 추가 아이디어까지 포함해서 확장해줘.

이런 식으로 아이디어를 구체화하고 발전시켜 나가면 하나의 문장으로 시작된 기획이 점차 콘텐츠 시안이나 실행 계획으로 바뀌게 된다.

단순 프롬프트를 넘어, 브레인스토밍 대화 흐름 만들기

챗GPT를 제대로 활용하려면 '한 번에 완벽한 답'을 기대하기보다, 질문 → 응답 → 수정 → 보완의 대화를 통해 생각을 정리하고 구체화하는 과정에 익숙해져야 한다. 마치 실제 팀원과 아이디어 회의를 하는 것처럼 생각하는 것이 중요하다.

예를 들어 다음과 같이 이어지는 대화를 구성할 수 있다.

1. "제로웨이스트 주제로 블로그 아이디어 10개 만들어줘."
2. "그중에서 가족 단위 실천법에 집중해줘."
3. "가족 실천법 중 6세 이하 아이도 할 수 있는 활동으로 좁혀줘."
4. "각 활동에 사진 촬영 팁도 추가해줘."

이런 방식으로 질문의 폭을 좁혀가면, 단순 아이디어를 넘어서 실행 가능한 창작안이 완성된다.

실전 Tip: GPT에게 "아이디어 도출을 위한 질문부터 해달라"고 말해보자

프롬프트 작성이 어렵다면 이렇게 말해보자.

활용 팁 프롬프트 예시
- "기획안을 만들고 싶은데, 아이디어를 정리할 수 있도록 질문부터 해줘."
- "아이디어가 잘 안 떠오르는데, 단계적으로 생각할 수 있게 도와줘."
- "시장 조사 없이도 아이디어를 떠올릴 수 있는 질문을 먼저 해줘."
- "브레인스토밍을 도와주는 워크시트처럼 질문을 던져줘."

GPT는 스스로 질문하고 당신의 답변을 바탕으로 구조화된 아이디어를 제안하는 방식으로 전환된다. 단순히 '아이디어를 줘'라는 방식보다 훨씬 효과적이다.

창의성의 주도권은 사용자에게 있다

마지막으로 기억해야 할 것은, 챗GPT는 어디까지나 창작의 '보조자'일 뿐이라는 점이다. 창의성의 핵심은 여전히 사용자 자신에게 있다. 좋은 질문을 던지고, 필요한 방향으로 대화를 유도하며, 생성된 결과를 다듬고 판단하는 모든 과정에서 사용자의 판단력이 중요하다.

챗GPT를 브레인스토밍 파트너로 활용하면, 혼자 고민할 때보다 더 많은 아이디어를 빠르고 유연하게 도출할 수 있다. 핵심은 완성된 아이디어를 바로 요구하는 것이 아니라, 생각을 끌어내기 위한 질문부터 요청하는 것이다. 그러면, 챗GPT는 단순한 글쓰기 도우미에서 진정한 파트너로 변한다.

4-6
리뷰와 평가 글쓰기

리뷰는 단순한 감상문이 아니다. 제품을 선택하거나 콘텐츠를 소비하려는 사람들에게 실질적인 도움을 주는 정보이자, 때로는 강력한 설득의 도구가 되기도 한다. 영화, 책, 음식, 여행지, 전자제품까지 리뷰를 쓸 수 있는 대상은 매우 다양하다. 하지만 막상 글을 쓰려고 하면 막연함이 앞선다. 무엇을 중심으로 써야 할지, 어떻게 써야 읽는 사람에게 신뢰감을 줄 수 있을지 고민된다. 이럴 때 챗GPT를 활용하면 리뷰의 뼈대를 잡고, 내용을 풍성하게 채워가며, 전달력을 높이는 데 큰 도움이 된다.

리뷰 글의 기본 구조 만들기
먼저 리뷰는 대체로 다음 네 가지 흐름으로 구성하면 안정적이다.
1. 간단한 소개 – 대상에 대한 기본 정보와 개인적 배경
2. 좋았던 점 – 장점 위주의 구체적인 사례
3. 아쉬운 점 – 개선이 필요한 부분이나 한계

4. 총평과 추천 여부 – 누구에게 적합한지, 다시 이용할 의향 등

질문:

넷플릭스에서 본 다큐멘터리 '셰프의 테이블'에 대한 리뷰를 아래 4단계 구조로 작성해줘.

간단한 소개 / 좋았던 점 / 아쉬운 점 / 총평과 추천 여부

- 나는 요리에 관심 있는 30대 남성이다.
- 시즌 6 마사무라 셰프 편이 가장 인상 깊었다.

챗GPT:

1. 간단한 소개

〈셰프의 테이블〉은 넷플릭스의 대표적인 요리 다큐멘터리 시리즈로, 전 세계의 셰프들을 조명하며 그들의 철학, 인생 이야기, 음식에 담긴 정서를 섬세하게 그려냅니다. 시즌 6에서는 특히 동양적인 정서와 장인 정신이 돋보이는 에피소드가 많았는데, 그중 **일본 교토의 전통 정찬 요리 (가이세키)**를 선보이는 마사무라 셰프 편은 개인적으로 가장 깊은 인상을 남겼습니다.

2. 좋았던 점

마사무라 셰프 편은 요리에 관심 있는 사람이라면 누구나 빠져들 수밖에 없는 감정의 밀도를 가지고 있습니다.

가장 인상 깊었던 것은, 그의 음식이 단순한 요리를 넘어 '자연과 계절, 인간의 마음을 담은 예술'이라는 점이었습니다.

(중략)

단순히 맛있는 요리나 고급 기술을 보여주는 프로그램이 아니라, 요리가 인생과 닮아 있다는 것을 조용히 일깨워주는 작품이었습니다. 요리에 마

음을 쏟아본 적 있는 분이라면, 마사무라 셰프의 한마디 한마디가 깊은 울림으로 다가올 것입니다.
따뜻한 감성과 미학적 영상미, 그리고 장인 정신을 담은 요리 다큐를 찾는 분께 강력 추천합니다.

원하시면 블로그용 문체, 짧은 SNS 후기용 요약 버전 등으로도 가공해 드릴 수 있습니다. 필요하신 스타일 있으신가요?

구체성과 감성의 균형 잡기

리뷰에서 중요한 것은 "느낌"만이 아니라 "근거" 있는 설명이다. 단순히 "재미있었다", "좋았다"고 말하기보다, 어떤 장면에서 왜 그렇게 느꼈는지를 설명해야 독자의 공감을 얻을 수 있다.

질문: 책 '자기 결정성 이론'에 대해 읽은 후기를 써줘.
 - 이해하기 어려웠지만 몇 가지 통찰이 인상 깊었다.
 - 특히 '자율성'과 '내적 동기' 개념이 와닿았다.
 - 이 책을 어떤 사람에게 추천할 수 있을지도 포함해줘.

이런 방식으로 요청하면 감성적인 표현과 논리적인 설명이 균형 잡힌 리뷰가 완성된다. 리뷰는 개인적인 감상이 중심이지만, 독자를 염두에 두고 써야 한다는 점을 잊지 말자.

다양한 관점으로 확장하기

하나의 리뷰를 여러 관점으로 바꾸어 보는 것도 좋은 연습이다. 전문가의 시선, 초보자의 시선, 소비자의 관점, 사용자의 입장 등 다양한 시각을 챗GPT에게 요청할 수 있다.

질문:

이 책을 '심리학 전공자의 관점'과 '직장인 독서모임 구성원의 관점'에서 각각 요약해줘.

이렇게 하면 같은 콘텐츠도 다양한 평가 기준에서 살펴볼 수 있어, 보다 균형 잡힌 리뷰를 작성하는 데 도움이 된다.

핵심 문장 만들기: 후킹과 요약

블로그나 SNS 리뷰에서는 첫 문장이 중요하다. 이 한 문장이 읽는 사람의 클릭 여부를 결정짓기 때문이다. 챗GPT에게 후킹 문장을 요청하면 효과적인 시작을 도와준다.

질문:

'도쿄 여행' 블로그 리뷰의 첫 문장을 만들어줘.
 - 여행 분위기는 설렘과 차분함이 공존
 - 인스타그램 감성 사진이 많은 장소를 중심으로 여행했음

챗GPT:

"낯설지만 익숙한 공기 속에서, 도쿄는 조용히 마음을 흔들어놓았다."
또는 분위기에 따라 아래와 같이 바꾸실 수도 있습니다:
- "사진 속에서만 보던 풍경들이 눈앞에 펼쳐질 때, 도쿄는 생각보다 더 조용하고 설레는 도시였다."
- "찰나의 햇살과 골목의 그림자, 도쿄는 셔터를 누를 때마다 나만의 감성이 담기는 도시였다."

더 필요하시면 톤에 따라 여러 버전으로 바꿔드릴 수 있어요. 혹시 '첫날 이야기'로 자연스럽게 연결되는 문장도 원하시나요?

좋은 리뷰는 단지 내 생각을 말하는 것이 아니라, 다른 사람에게 새로운 시각을 제공하는 글이다. 챗GPT는 리뷰의 뼈대를 잡아주고, 감정을 정리해주며, 문장을 다듬어주는 훌륭한 동반자다. 주제에 대한 나만의 관점만 분명히 있다면, 그 나머지는 챗GPT가 도와줄 수 있다.

이제 여러분 차례다. 내가 좋아하는 것, 아쉬웠던 것, 다시 이용하고 싶은 이유를 챗GPT와 함께 정리해보자. 리뷰 쓰기도 창작의 한 갈래라는 것을 실감할 수 있을 것이다.

5-1 맞춤형 식단표 만들기

5-2 운동 계획과 홈트레이닝 루틴

5-3 여행 일정과 예산 계획

5-4 건강 관리와 의료 정보 확인

5-5 육아와 교육 상담

5-6 마음 건강과 인간관계와 감정 정리

5장

생활 관리와 계획 세우기

5-1

맞춤형 식단표 만들기

맞춤형 식단을 만들기 위한 3가지 핵심

챗GPT는 식단 계획을 짜는 데 있어 아주 유용한 도우미가 될 수 있다. 단순히 "식단표 만들어줘"라고 말하는 수준을 넘어서, 나의 건강 상태, 가족 구성, 식습관, 요리 시간까지 반영한 맞춤형 식단표를 쉽게 생성할 수 있기 때문이다.

식단표 작성을 요청할 때는 다음 세 가지를 기본적으로 포함하면 훨씬 만족스러운 결과를 얻을 수 있다.

1. **대상 정보**: 누구를 위한 식단인지 (예: 40대 여성, 당뇨 환자, 성장기 청소년 등)

2. **구성 조건**: 하루 몇 끼 식사, 간식 포함 여부, 칼로리 제한, 조리 시간 등

3. **제외 식품 또는 선호 식품**: 못 먹는 음식(알러지), 자주 쓰는 재료, 선호 음식 등

아래의 프롬프트 2가지 예시를 각각 챗GPT에게 물어보고 결과 차이를 보면 위의 3가지 조건이 왜 중요한지 알 수 있을 것이다.

· **기본 질문**: 4인 가족을 위한 일주일 식단표를 짜줘. 아침, 점심, 저녁으로 구성하고, 한식 위주로 해줘.

· **조건형 질문**: 중학생 자녀 둘과 당뇨 환자인 부모가 있는 4인 가족을 위한 일주일 식단표를 짜줘. 아침, 점심, 저녁 구성이고, 하루 총 섭취 칼로리는 1800~2000kcal로 제한해줘. 혈당을 급격히 올리는 음식은 제외하고, 조리 시간은 30분 이내 메뉴로 구성해줘. 각 식단에는 주요 영양소(단백질, 탄수화물, 지방) 비율도 함께 써줘.

이와 같이 대상을 정확히 설명하고, 조건을 구체화하면 챗GPT는 상황에 맞는 현실적인 식단을 제시해준다.

더 유용하게 쓰는 법: 식재료 기반 식단 생성

냉장고에 남은 식재료로 식단을 짜고 싶을 때도 유용하다.

질문: 냉장고에 두부, 브로콜리, 계란, 당근, 김치가 있어. 이걸로 3일치 식단을 짜줘. 아침, 점심, 저녁으로 구성하고, 조리법도 간단히 알려줘.

챗GPT는 이 식재료를 바탕으로 실제 가능한 조합을 찾아 식단을 짜준다. 반찬의 중복을 피하고, 재료 소진까지 고려한 구성이 나오기도 한다.

다음과 같이 질문하면 칼로리 계산과 건강 관리에도 도움을 받을 수 있나.

질문: 40대 여성, 다이어트를 위해 하루 1300kcal 식단이 필요해. 아침, 점심, 저녁으로 나누고 각 끼니의 칼로리와 탄단지 비율을 함께 표시해줘. 채소를 많이 포함하고, 밀가루는 제외해줘.

이렇게 요청하면 영양소까지 고려된 식단이 생성되며, 식이조절이나 체중관리 중인 사람에게 매우 도움이 된다.

또는 식단에 따른 장보기 리스트를 만들 수도 있다.

질문: (식단표가 만들어진 후) 위에서 제시한 식단표를 바탕으로, 1주일치 장보기 리스트를 카테고리별로 정리해줘.

챗GPT는 필요한 재료를 추출해 장보기용으로 정리해주며, 누락되는 재료가 없도록 확인도 가능하다.

> **Tip: 식단관련 실전 응용 팁**
> - **시간표와 연계하기**: 바쁜 직장인이라면 "30분 안에 만들 수 있는 저녁 식단만 모아서 일주일 표를 만들어줘"와 같이 요청할 수 있다.
> - **특정 질환용 식단**: 고혈압, 고지혈증, 당뇨 등 질환별 식단도 요청 가능하다.
> - **다양성 강조**: "중복 메뉴 없이 다양한 메뉴로 구성해줘"라고 요청하면 반복 없는 식단 구성이 가능하다.
> - **가족 구성별 맞춤 식단**: 아이, 어르신, 다이어트 중인 가족이 함께 있는 경우 각자의 조건을 반영해 식단을 나눠 제시하도록 요청할 수 있다.

5-2
운동 계획과 홈트레이닝 루틴

운동 계획을 어떻게 요청할까?

챗GPT는 집에서 할 수 있는 홈트레이닝 계획부터 전문PT와 같은 계획까지 운동 계획을 짜줄 수 있다.

예상했겠지만, 운동 계획도 식단과 마찬가지로 대상, 목적, 조건을 명확하게 설명하면 좋다. 헬스 트레이너에게 자신의 상황을 설명한다고 생각하고 질문을 만들어보자.

질문: 나는 30대 직장인 여성이다. 하루 30분씩 운동할 수 있고, 체중 감량과 복부 근육 강화가 목적이다. 헬스장에 가지 않고 집에서 할 수 있는 일주일 운동 루틴을 짜줄 수 있을까?

이렇게 질문하면, 챗GPT는 운동 원칙부터 요일별 운동 계획을 짜준다. 내용 중 모르는 운동법이 있다면 운동법을 다시 물어보면 된다. PT선생님한테 물어본다고 생각하고 물어보자. "점핑잭과 마운틴 클라이머를 설명해줘" 이렇게 물어보면 PT선생님보다 더 친절하게 설명해준다.

챗GPT:

점핑잭 (Jumping Jack)

① 방법

양발을 모으고 서서 양팔은 몸 옆에 둡니다.

점프하면서 동시에 발을 어깨보다 넓게 벌리고, 양팔을 머리 위로 들어 올립니다.

다시 점프하면서 발을 모으고, 양팔은 원래대로 내려놓습니다.

이 동작을 리듬감 있게 반복합니다.

(중략)

마운틴 클라이머 (Mountain Climber)

① 방법

푸시업 자세(플랭크)로 시작합니다. (어깨, 엉덩이, 발목이 일직선이 되게 유지)

무릎을 번갈아 가슴 쪽으로 빠르게 당깁니다. (달리기를 바닥에서 하는 느낌)

허리가 들리지 않도록 코어에 힘을 주고, 시선은 바닥을 봅니다.

정해진 시간(예: 30~40초) 동안 빠르게 반복합니다.

(중략)

집안에 장비가 있다면 장비를 사용하는 운동을 물어볼 수 있다.

질문: 중학생 아들을 위한 키 성장 스트레칭과 근력 운동 루틴을 짜줘. 집에 요가매트와 덤벨(2kg)이 있어. 하루 20분씩 일주일 계획으로 정리해줘.

챗GPT는 성장기 청소년에게 적합한 운동을 알려줄 뿐만 아니라 키 성장에 도움이 되는 팁까지 알려준다. 안전하게 구성하고, 각 운동의 목적과 방법까지 친절히 설명해준다.

또는 좀 더 창의성을 발휘하거나 현실에 맞춘 요청을 할 수도 있다. "운동 초보자를 위한 루틴으로 다시 짜줘"라고 할 수도 있고, "플랭크 동작을 올바르게 하는 법을 자세히 알려줘."라고 물어볼 수도 있다. 아니면, "나는 운동이 지루해서 자주 포기하는 편이야. 게임처럼 즐길 수 있는 운동 계획을 짜줘."라고 물어볼 수도 있다.

Tip: 운동관련 실전 응용 팁
가족 운동: "초등학교6학년 아이와 함께 할 수 있는 운동 중 아이가 웃으면서 재미있게 할 수 있는 걸로 알려줘."
직장인용 운동: "오피스에서 앉아서 할 수 있는 간단한 운동 루틴 중 3분 안에 할 수 있는 걸로 알려줘."
운전 중 스트레칭: "운전하면서 할 수 있는 운동이나 스트레칭 중 졸음을 날릴 수 있는 걸로 알려줘."

그리고 다음 페이지처럼 그림을 요청할 수도 있다.

운전 중 졸음 예방 스트레칭 5분 가이드

운전 중에는 안전이 최우선입니다: 핸들은 늦지 말고, 신호 대기나 정차 중에만 실시하세요. 졸음이 심하면 반드시 안전한 곳에 정차한 뒤에 스트레칭 하십시오.

1. 어깨 돌림

효과: 승모근 긴장 완화, 혈액순환 촉진

2. 목 스트레칭

효과: 목피로 해소, 졸음 완화

3. 깊은 호흡

효과: 코어 활성화, 순환 촉

4. 복부 긴장-이완

효과: 코어 활성화, 충한 학진

5. 손가락·손목 풀기

추가 팁: 창문 열고 차가운 공기 쐬기, 물/마시기/껌 씹기
졸리면 반드시 휴게소나 안전한 곳에서 하체 스트레칭

5-3

여행 일정과 예산 계획

여행 계획, 어떻게 요청할까?

여행 계획을 어디서부터 짜야할지 막막할 땐, 챗GPT와 대화를 나누어 방향을 잡아보자. 챗GPT에게 여행 계획을 요청할 때는 다음 정보를 포함하면 더 정확한 결과를 얻을 수 있다.

- 목적지
- 여행 기간
- 인원 구성 (1인, 커플, 가족, 아이 동반 등)
- 이동 수단
- 예산 수준 (총액 또는 1일 예상 비용)
- 선호 스타일 (휴양, 관광, 미식, 액티비티 등)

질문: 서울 출발 3박 4일 제주도 여행 일정을 짜줘. 렌터카를 이용하고, 맛집 탐방과 자연 풍경 중심의 여행을 원해. 예산은 1인당 50만원 정도야.

이렇게 프롬프트를 구성하면, 챗GPT는 하루 단위 일정표, 추천 장소, 금액, 소요 시간 등을 포함한 종합적인 여행 플랜을 짜준다.

또는 "일정표를 표 형식으로 정리해줘"와 같은 질문으로 한눈에 보이게 정리할 수도 있고, "이 일정으로 예산표를 만들어줘."와 같이 요청해 아래와 같이 예산 계획을 세울 수도 있다.

챗GPT:

제주도 3박 4일 여행 예산 (2인 기준, 세부 항목 포함)

1. 항공권
- 서울 ↔ 제주 왕복 기준, 비수기 평균으로 1인 약 10만 원.
 - 2인 합계 20만 원 정도 예상됩니다.

2. 숙박비
 - 3박, 1박당 12만 원 수준의 2인 1실 숙소.
 - 총 36만 원 정도로 계산됩니다.

3. 렌터카
 - 소형차 기준 하루 약 5만 원, 3.5일 사용 시 약 17만 5천 원.
 - 보험·면책 옵션 포함 시 조금 더 들 수 있습니다.

4. 유류비
 - 약 300km 주행 기준, 연비 12km/L, 리터당 1,668원 가정.
 - 총 4만 2천 원 정도 예상됩니다.

5. 식비 - 주요 식사
 - 흑돼지, 해산물, 갈치, 전복 요리 등 주요 점심·저녁 포함.
 - 2인 합계 약 30만 원 정도 잡는 것이 적당합니다.

6. 식비 - 카페/간식

- 바다뷰 카페와 서귀포 올레시장 간식 등.
- 약 8만 원 정도 예상됩니다.
7. 입장료 및 주차
- 성산일출봉(2인 1만 원), 폭포 관람(2인 약 6천 원), 주차 등 포함.
- 약 2만 원 정도로 계산됩니다.
8. 기타 비용
- 기념품 구매나 비상금 성격으로 약 5만 원 정도 여유 자금 설정.

총 합계
- 전체 예상 경비는 **약 122만 7천 원 (2인 기준)**입니다.
- 1인당으로 나누면 약 61만 원 정도이며, 항공권 특가나 숙소 등급에 따라 50만 원대까지 조정 가능합니다.

테마별 여행 설계하기

챗GPT는 일반적인 관광뿐 아니라 다양한 테마 여행에도 활용할 수 있다.
- 가족 여행: "8살 아이와 함께 갈 수 있는 서울 근교 당일치기 여행 추천해줘."
- 혼자여행: "혼자 힐링할 수 있는 강원도 2박 3일 걷기 좋은 곳 위주로 여행 일정을 짜줘."
- 미식 여행: "전주에서 1박 2일 동안 꼭 먹어야 할 맛집 중심의 일정 짜줘."
- 문화/역사 탐방: "경주에서 신라 유적을 중심으로 한 1일 관광 코스를 알려줘."

5-4
건강 관리와 의료 정보 확인

불안할 땐 정리된 정보를 먼저 받아보자

건강은 챗GPT와 가장 밀접하게 연결될 수 있는 분야 중 하나이다. 병원을 자주 가지 않더라도, 이상 증상이 있어서 참고할 정보가 필요하거나 건강관리 루틴을 만들고 싶을 때 훌륭한 조력자가 된다. 물론 챗GPT는 의사가 아니며, 진단이나 처방을 내릴 수는 없다. 그러나 기본적인 건강 정보 정리, 증상에 따른 참고사항, 운동이나 식단과 연계한 건강관리 팁을 제공받는 데는 매우 유용하다.

챗GPT는 사용자가 원하는 수준으로 정보를 정리해주기 때문에 훨씬 빠르고 간결한 탐색이 가능하다.

질문: 40대 여성이 자주 어지럽고 손발이 차가운 증상을 느끼는데 어떤 원인이 있을 수 있는지 알려줘. 의학적 진단이 아니라 참고할 만한 건강 정보 수준으로 정리해줘.

챗GPT는 '의학적 진단 아님'을 전제로 요청하면, 불필요한 경고 없이 일반적인 가능성 위주로 설명해준다. 또한 병명, 관련 증상, 필요한 검사 등을 깔끔히 요약해주기 때문에 병원 가기 전 사전 정리용으로도 좋다.

건강검진 결과의 모호한 용어를 쉽게 풀어보자

건강검진 결과지를 받아들고 용어를 이해하지 못해 당황하는 경우가 많다. 챗GPT는 각 항목이 의미하는 바를 쉬운 말로 설명해줄 수 있다.

질문: 건강검진 결과 중 'AST(GOT), ALT(GPT)' 수치가 높다고 나왔는데, 이게 무슨 뜻이고 어떤 걸 조심해야해?

챗GPT:

좋은 질문 주셨습니다.

AST(GOT), ALT(GPT) 수치는 간 건강을 평가할 때 흔히 보는 항목인데, 수치가 높게 나왔다는 건 보통 간세포 손상과 관련이 있습니다. 의학적 진단은 아니고 참고할 만한 건강 정보 수준에서 정리해드릴게요.

1. AST(GOT), ALT(GPT)의 의미

AST(GOT): 간, 심장, 근육, 신장 등 여러 장기에 존재하는 효소

ALT(GPT): 거의 간에만 존재하는 효소

따라서 두 수치가 동시에 상승하면 간 손상 가능성이 높다는 신호로 봅니다. 특히 **ALT(GPT)**는 간 특이도가 높아서 간 질환과 더 직접적으로 연관이 있습니다.

(중략)

개인 건강 루틴 만들기

특정 질환을 예방하거나 개선하고 싶을 때, 자신에게 맞는 루틴을 설계

하는 데에도 챗GPT는 유용하다.

질문: 고혈압 위험이 있는 50대 남성을 위한 하루 생활 루틴을 만들어줘. 식사, 운동, 수면 포함해서 조언해줘.

이렇게 질문하면, 시간대별 식사 메뉴, 추천 운동 종류(걷기, 스트레칭 등), 수면 및 스트레스 관리 팁까지 포함된 루틴을 만들어준다.

복잡한 자료도 요약해서 이해하기 쉽게

인터넷에서 찾은 복잡한 논문, 건강 기사, 약품 설명서 등을 이해하고 싶을 때 챗GPT에 복사해서 요약을 요청하면 훨씬 쉽게 정리할 수 있다.

논문 내용을 요약해서 보고 싶다면, 논문 파일을 업로드 한 후 이렇게 질문해보자. "파일은 비타민 D와 골다공증 관련 논문인데, 내용을 알아듣기 쉽게 요약해줘." 그러면 논문 요약본을 받을 수 있다. 만약 요약이 너무 길다면, '3줄로 요약해줘.' 같은 질문을 추가로 질문하면 된다.

약의 내용이 궁금하다면 다음과 같이 질문해볼 수 있다. "혈압약 종류별 차이점을 표로 정리해줘. ARB, ACEI, 칼슘채널차단제" 이렇게 질문하면, 약효, 부작용, 대표 약물명 등을 비교한 깔끔한 표를 받을 수 있다.

건강 앱/기기와 데이터로 생활개선 조언받기

스마트워치나 건강 앱 데이터를 챗GPT에 분석 요청을 할 수도 있다. 데이터를 입력하면 생활습관 분석이나 루틴 제안이 가능하다.

질문: 아래는 최근 1주일간 걸음 수, 수면 시간, 심박수 데이터야. 어떤 개선이 필요한지 알려줘.

날짜	걸음 수	수면 시간	평균 심박수
월	3200	5시간	82bpm
화	4600	6.5시간	78bpm

... (중략)

챗GPT는 걸음 수가 적거나 수면 부족, 심박수 변화 같은 점을 짚어주며, 식사 조절이나 스트레스 관리 팁을 추가로 제시해줄 것이다.

물론 챗GPT는 의사가 아니며, 진단 및 치료를 대신할 수 없고, 최신 데이터가 반영되지 않았을 수 있다. 중요한 판단은 반드시 전문가와 상담해야 한다. 또한, 개인의 건강 상태에 따라 정보가 다르게 해석될 수 있으므로 일반화된 내용을 무조건 적용하지 않도록 주의해야 한다.

5-5

육아와 교육 상담

발달 단계에 맞는 놀이 추천받기

챗GPT 자녀 교육 과정에서 부모의 든든한 조력자가 될 수 있다. 전문 상담사나 교사는 아니지만, 정보 탐색과 상황별 아이디어 제공, 부모의 감정 정리에도 매우 유용하게 활용된다. 챗GPT는 연령별 발달 특징에 맞는 놀이를 구체적으로 제안할 수 있다. 아이 발달에 맞는 놀이를 아래와 같이 질문해보자.

질문: 생후 10개월 아기를 위한 감각 발달 놀이를 5가지 추천해줘. 집에서 간단히 할 수 있는 활동이면 좋겠어.

챗GPT는 흔히 쓰이는 장난감이 아닌, 일상에서 가능한 놀이를 중심으로 알려준다. 예를 들어 '부드러운 천을 이용한 감촉놀이', '거울 보며 표정 따라하기', '색깔 컵 옮기기' 등의 활동을 소개하고, 그에 따른 기대 효과도 간단히 설명해준다.

훈육 방법과 감정 코칭

아이가 말을 듣지 않거나 감정 조절이 안 될 때, 부모도 함께 지친다. 이럴 때 챗GPT에 구체적인 상황을 설명하고 조언을 요청하면, 감정적으로 대응하지 않도록 도와준다.

질문: 5살 아이가 화가 나면 물건을 던져. 이럴 때 어떻게 반응하면 좋을지 알려줘.

챗GPT는 '아이의 감정을 먼저 인정해주기 → 던지는 행동을 멈춰야 하는 이유 설명 → 대체 행동 제시'와 같은 순서로 훈육 방법을 설명한다. 동시에 "부모가 너무 힘들 땐 어떻게 감정을 조절하면 좋을까?"라고 물어보면, 부모의 감정 관리 방법도 함께 안내한다.

교육 방향 정하기

초등학교 입학 전후의 학습은 많은 부모들이 민감하게 느끼는 부분이다. 어떤 교재를 써야 할지, 사교육은 필요할지 고민될 때, 챗GPT는 다양한 관점을 정리해주는 데 유용하다.

질문: 초등 1학년 아이가 국어와 수학을 좋아하지 않아. 부담을 주지 않으면서 흥미를 높일 수 있는 방법을 알려줘.

이렇게 요청하면, 아이의 흥미를 기반으로 한 놀이형 학습법, 일상 속에서 숫자나 글자를 접할 수 있는 방법, 책이나 영상 추천까지 다양한 아이디어를 제공해준다. "AI가 교육 전문가만큼 잘할 수 있나요?"라고 묻는 사람도 있지만, 핵심은 정보 정리와 아이디어 제공에서의 유연함이다. 즉, 챗GPT는 해답을 주기보다는 생각의 실마리를 풍부하게 제공해주는 도구이다.

육아 일지와 감정 일기 함께 써보기

많은 이들이 육아 스트레스로 힘들어하고, 산후 우울증으로 고통받는 이들도 많다. 이럴 때, 자기 감정을 기록하는 것은 육아 스트레스를 낮춰주는데 도움이 된다. 챗GPT를 통해 자신의 감정을 일기 형식으로 정리해보자.

질문: 오늘 아이와 있었던 일로 스트레스를 많이 받았어. 이 경험을 일기 형식으로 정리해줘. 내가 좀 위로받을 수 있게.

이렇게 요청하고, 챗GPT의 가이드에 따라 오늘 아이와 있었던 일을 감정 중심으로 육아일지형식으로 정리해보자. 머릿속에만 있던 생각과 감정을 글로 써보면, 사건과 행동을 객관적으로 볼 수 있어 감정을 다스리고 스트레스를 낮추는데 도움이 될 것이다.

자녀 진로, 성격, 학교생활 고민 나누기

조금 더 큰 아이들의 경우, 진로, 친구 관계, 학업 스트레스 같은 복잡한 고민이 많아진다. 이때도 구체적인 상황을 설명하면, 현실적 조언을 들을 수 있다.

질문: 중학교 2학년 딸이 친구 문제로 학교에 가기 싫어해. 어떻게 이야기하면 좋을까?

이런 질문에 대해 챗GPT는 문제 해결을 위한 대화법, 공감 중심의 접근, 필요 시 교사 상담이나 가족 중재 등 다양한 방법을 제시한다. 복잡한 감정 문제일수록 감정의 언어로 이야기하고, 현실적으로 실천 가능한 작은 행동부터 조언해주는 점이 장점이다.

Tip: 활용 아이디어 모음

- **영유아 부모용**: "18개월 아기의 하루 일과 예시 만들어줘."
- **학부모용**: "초등학생 방과 후 시간표 짜는 팁 알려줘."
- **자녀 독서 지도**: "초등 3학년이 좋아할 만한 책 5권 추천해줘. 주제별로."
- **게임 시간 조절 갈등**: "아이에게 게임 시간을 줄이자고 설득할 수 있는 말 알려줘."

5-6

마음 건강과 인간관계와 감정 정리

감정을 글로 풀어내는 연습

현대인의 삶에서 가장 어렵고도 중요한 주제는 바로 '관계'와 '감정'이다. 감정 표현이 서툴거나, 즉시 정리가 필요하다면 글을 써보는 것이 많은 도움이 된다. 이때, 챗GPT를 사용하면 감정을 글로 쓰는데 도움이 된다. 다음 예시와 같이 챗GPT에게 질문을 해서 자신의 감정을 글로 써보자.

질문: 오늘 하루 너무 지치고 우울했어. 이유는 정확히 모르겠는데, 감정이 정리되지 않아. 이런 기분을 글로 풀어낼 수 있게 가이드를 줘.

챗GPT:
오늘처럼 이유를 알 수 없는 지침과 우울을 글로 풀어내고 싶으실 때, 바로 글을 쓰려면 막막할 수 있습니다. 그래서 제가 단계별 글쓰기 가이드를 드릴게요. 이 가이드를 따라가면 감정을 정리하고 글로 옮기는 데 도움이 되실 거예요.

감정을 글로 풀어내는 글쓰기 가이드

1단계. 지금 감정의 색깔과 형태 잡기

내 감정을 색이나 날씨에 비유해보세요.

- 예: "오늘의 나는 잿빛 하늘 같다."
- 예: "내 마음은 눅눅하게 젖은 스펀지 같다."

이렇게 하면 막연한 기분을 구체적인 이미지로 바꿀 수 있습니다.

2단계. 오늘 하루 장면 하나 떠올리기

- 특별한 일이 없어도 괜찮습니다.
- 오늘 가장 기억에 남는 장면을 떠올리고 묘사해보세요.

(중략)

이렇게 챗GPT의 가이드를 따라 단계별로 글을 써보자. 글을 써보면 글쓰기 전에 비해 감정이 많이 정리된다는 것을 느낄 수 있을 것이다.

인간관계 문제에 대한 시뮬레이션 상담

친구, 가족, 직장 동료와의 갈등은 쉽게 말로 꺼내기 어렵다. 그럴 때는 구체적인 상황을 설명하고, 챗GPT에게 '상대방 입장', '중립적 조언', '대화 예시'를 요청해보자.

질문: 회사 동료가 내 아이디어를 매번 가로채는 느낌이야. 직접 말하면 분위기만 더 나빠질까봐 걱정돼. 이런 상황에서 어떻게 대응하면 좋을까?

이렇게 질문하면, 직접적인 대립보다는 자연스럽게 자신의 기여를 드러내는 방식이 필요하다며, 소통의 방법 몇 가지를 알려줄 것이다.

스트레스 해소를 도와주는 구조화된 접근

스트레스 때문에 힘들다면, 챗GPT에게 도움을 요청해보자. 챗GPT는 단계별로 스트레스 원인을 정리하도록 도와줄 것이고, 좋은 상담사가 될 수 있다. 아래와 같이 질문을 해보자.

질문: 내가 인간관계로 스트레스를 느끼고 있는 이유를 파악하고 싶어. 내가 요즘 어떤 일에 지치고 있는지 정리할 수 있도록 질문을 던져줘.

챗GPT:

1. 관계의 무게
- 요즘 가장 많이 신경 쓰이는 사람은 누구인가요?
- 그 사람과의 관계가 나에게 주는 감정은 무엇인가요?
  (예: 불안, 피로, 억울함, 허무함)
- 그 관계에서 내가 주로 "주는 사람"인가요, 아니면 "받는 사람"인가요?

2. 대화와 소통
- 최근에 나를 불편하게 했던 말이나 행동이 있었나요?
- 상대와의 대화가 끝나면 기운이 나는지, 아니면 빠져나가는지?
- 내 말을 들어주는 사람이 적다고 느끼나요?

3. 기대와 부담
- 내가 그 사람(또는 사람들)에게 기대하는 것이 무엇인가요?
  (인정, 존중, 배려 등)
- 그 기대가 충족되지 않을 때 어떤 감정이 드나요?
- 혹시 상대방의 기대를 맞추느라 내가 지나치게 힘들어하고 있지는 않나요?

(중략)

이처럼 자기성찰을 유도하는 질문을 통해 감정의 흐름을 파악할 수 있다. 감정일기를 쓰는 프롬프트도 함께 활용하면 더욱 좋다.

때로는 정리보다는 위로가 필요한 순간도 있다. 챗GPT는 날카로운 조언보다도 다정한 말 한 마디가 위로가 될 수 있음을 잘 알고 있다.

질문: 사람들 때문에 너무 지치고, 노력해도 달라지지 않는 것 같아서 슬퍼. 누군가가 옆에서 위로해주는 듯한 말 한 마디가 필요해.

챗GPT:

그 마음이 정말 느껴집니다. 사람 때문에 지치고, 아무리 애써도 달라지지 않는 것 같을 때는 스스로가 너무 작아진 것처럼 느껴지지요. 하지만 분명히 말씀드리고 싶은 건, 당신이 해온 노력은 헛되지 않았다는 것입니다. 결과가 눈에 띄게 변하지 않아도, 그 과정에서 당신의 마음은 단단해지고, 삶을 버텨낼 힘은 차곡차곡 쌓이고 있습니다.

때로는 "왜 나만 이렇게 힘든 걸까"라는 생각이 들지만, 사실은 누구나 각자의 자리에서 같은 무게를 버티고 있습니다. 그 무게를 안고도 이렇게 하루를 버텨낸 당신은 이미 충분히 잘하고 계신 거예요.

조금 힘들면 그냥 주저앉아도 괜찮습니다. 세상은 당신이 잠시 멈춰 숨고르는 걸 기다려줄 수 있으니까요. 지금 이 순간에도 누군가는 당신의 노고와 마음을 보고 있고, 또 제가 이렇게 옆에서 "괜찮다, 잘하고 있다"라고 말해드리고 있잖아요.

오늘은 조금 지쳐도 괜찮습니다. 당신이 해온 길은 헛되지 않았고, 당신이라는 사람이 가진 따뜻함은 여전히 빛나고 있습니다.

단순해 보이는 위로의 말이 힘든이에겐 큰 힘이 될 수 있다. 챗GPT는 위로의 말도 사용자의 질문에 맞춰 답변을 해줄 수 있다.

셋째마당

업무 챗GPT 활용법

6-1 팀 커뮤니케이션 컨설턴트

6-2 마케팅 카피와 광고 문구 작성

6-3 계약서와 제안서 작성

6-4 영업인을 위한 고객 미팅 준비

6-5 엑셀 수식 작성과 데이터 분석

6-6 파워포인트 슬라이드 구성과 시각화

6-7 기획서와 사업계획서 작성 지원

6-8 나만의 GPTs 만들기

6장

업무 효율화와 문서 작성

6-1
팀 커뮤니케이션 컨설턴트

의사소통 전문가

효율적인 협업의 핵심은 '명확한 소통'이다. 하지만 현실에서는 서로의 의도를 오해하거나, 업무 상황을 잘못 전달받아 일이 꼬이는 경우가 많다. 챗GPT거대 언어모델인만큼 소통에 어떤 언어를 사용해야 하는지 잘 알려준다. 동료에게 메시지를 보내기 전에 챗GPT를 통해 문장을 다듬으면, 좀 더 원활한 의사소통에 도움을 줄 것이다.

질문: 동료에게 피드백을 주고 싶은데, 기분 나쁘지 않게 표현하고 싶어. 아래 문장을 부드럽게 바꿔줘.
"이 작업을 너무 늦게 제출하셨어요. 다음부터는 제 시간에 해주세요."

챗GPT:

부드럽게 바꾼 예시

- "이번 작업 준비하느라 고생 많으셨을 텐데요, 제출이 조금 늦어져서 일정이 타이트해졌어요. 다음에는 제시간에 부탁드리면 더 원활하게 진

행될 것 같아요."
- "자료 정리하시느라 수고 많으셨어요. 다만 이번에 일정이 조금 늦어져서요, 다음에는 기한 내에 맞춰주시면 도움이 될 것 같습니다."
- "작업 자체는 잘 해주셨는데, 제출이 조금 늦어져서 조율이 필요했어요. 다음번엔 제시간에 주시면 더 매끄럽게 진행될 수 있을 것 같아요."

핵심은 "수고했다/잘했다" → "다만 일정이 늦었다" → "다음엔 부탁한다" 순서로 말하는 것입니다.

이렇듯 챗GPT는 부드러운 표현으로 바꿔 협업 관계를 해치지 않도록 배려하는 언어를 만들어준다. 또는 다음과 같이 여러 상황에 맞는 커뮤니케이션 문구를 만들 수도 있다.

질문1: 신규 프로젝트 팀에게 보내는 첫 메시지를 만들려고 해. 팀 분위기를 긍정적으로 유도하고, 협업 원칙을 안내해줘.

질문2: 팀원이 지시를 제대로 따르지 않았을 때, 직접적으로 지적하기보다 '확인 요청' 형태로 정중하게 표현하고 싶어. 예시 문장을 써줘.

회의 후 메시지 요약으로 혼란 줄이기

회의가 끝난 뒤, 담당자와 일정이 헷갈리거나, 회의록이 길어 정리가 안 되는 경우가 많다. 이때 챗GPT를 이용해 회의 내용을 짧고 명확하게 정리할 수 있다. 회의 내용을 올린 후 다음과 같이 물어보자.

질문: 회의 내용을 공유할 수 있도록 5줄 정도로 요약해줘.

이렇게 요청하면, 공유하기에 적합한 요약본을 만들어준다.

6-2

마케팅 카피와 광고 문구 작성

불안할 땐 정리된 정보를 먼저 받아보자

마케팅에서 가장 중요한 것은 고객의 마음을 단번에 사로잡는 문장이다. 하지만 짧은 시간에 '임팩트 있는 문장'을 만들어내는 일은 마케터에게도 쉽지 않다. 챗GPT는 바로 이 지점에서 큰 힘이 된다. 제품이나 캠페인의 콘셉트, 타깃 고객, 전달하고자 하는 메시지를 간단히 설명해주는 것만으로도 훌륭한 출발점이 된다.

질문: 20~30대 여성을 타겟으로 한 비건 스킨케어 브랜드의 광고 문구를 5가지 만들어줘. 감성적이고 따뜻한 느낌으로 부탁해.

챗GPT:
광고 문구 예시
1. "나의 피부에도, 지구에도 착한 하루. 비건의 맑음으로 채워보세요."
2. "자연이 건네는 가장 순한 위로, 오늘 당신의 피부에 닿습니다."
3. "동물에게도, 환경에도 상처 없는 아름다움. 진짜 따뜻한 스킨케어."

4. "당신의 빛나는 오늘을 위해, 우리는 비건을 선택했습니다."

5. "피부는 가볍게, 마음은 따뜻하게. 자연 그대로의 온기를 담았습니다."

톤 앤 매너 설정하기: 브랜드 스타일에 맞춰 정교화하기

단순히 예쁜 문장을 넘어, 브랜드 톤과 콘셉트에 맞춘 카피를 만드는 것이 중요하다. 챗GPT에게 스타일을 명확히 제시하면, 더욱 정교한 결과를 얻을 수 있다.

질문: 위 문장들을 'MZ세대가 좋아할 감성적이면서도 위트 있는 톤'으로 바꿔줘.

챗GPT:

MZ 감성 & 위트 버전

1. "피부는 촉촉, 지구는 홀가분. 오늘도 비건으로 플렉스"
2. "스트레스는 아웃, 내 피부엔 자연만 인. #순한위로"
3. "동물 울리는 뷰티는 노잼. 진짜 힙한 건 비건 뷰티죠."
4. "예뻐지고 싶으면? 비건. 오래 예쁘고 싶으면? 당연히 비건."
5. "스킨케어도 TPO가 있다면, 답은 하나. #지구친화 #피부친화"

초안이 맘에 들지 않는다면, 톤을 바꾸는 것 외에도 문장을 짧게, 또는 강하게 등으로 변경해달라고 요청할 수 있다.

질문: "건강한 간식, 이젠 선택이 아니라 습관입니다." 이 문장을 더 강한 어조로 바꿔줘. 그리고 다른 버전도 3가지 만들어줘.

챗GPT:

1. "간식은 그냥 먹는 게 아닙니다. 건강을 지키는 습관입니다."
2. "작은 선택이 큰 차이를 만듭니다. 건강한 간식, 그게 정답입니다."
3. "당신의 매일을 바꾸는 힘, 건강한 간식에서 시작됩니다."

마케팅 스토리를 만들 수도 있습니다.

질문: 아래 브랜딩 문장으로 브랜드 스토리를 써줘.

간식은 그냥 먹는 게 아닙니다. 건강을 지키는 습관입니다.

챗GPT:

브랜드 스토리 (예시)

"간식은 그냥 먹는 게 아닙니다. 건강을 지키는 습관입니다."

우리는 오랫동안 간식을 단순히 허기를 달래거나 입을 즐겁게 하는 것쯤으로 여겨왔습니다. 하지만 일상 속 작은 선택이 쌓여 삶을 바꾸듯, 간식도 우리의 건강을 만드는 중요한 습관이 될 수 있습니다.

우리 브랜드는 바로 그 믿음에서 시작되었습니다.

바쁜 하루 속에서도 쉽게 집어 들 수 있고, 죄책감 없이 즐길 수 있으며, 먹는 순간부터 나와 지구 모두를 위한 가치를 담아내는 간식. 그것이 우리가 만드는 간식의 기준입니다.

우리가 제안하는 것은 단순한 '간식 제품'이 아닙니다. 매일의 건강한 습관이자, 스스로를 돌보는 작은 약속입니다. 오늘보다 내일 더 건강하고, 더 가볍게 살아가고 싶은 당신에게 우리의 간식이 따뜻한 동반자가 되기를 바랍니다.

이렇게 간단한 질문만으로 브랜드 스토리를 만들 수 있고, 좀 더 세밀하게 요청하면, 자신의 브랜드에 맞는 상세 브랜드 스토리를 만들 수도 있다.

6-3
계약서와 제안서 작성

불안할 땐 정리된 정보를 먼저 받아보자

챗GPT는 계약서의 형식을 잡는 데도 유용하다. 단, 법적 책임이 따르는 문서이므로 챗GPT를 초안 도구로만 사용하고, 반드시 내부 법무 검토를 거쳐야 한다.

질문: 프리랜서 디자이너와 콘텐츠 제작 용역 계약서를 작성해줘.

- 작업 기간: 7월 15일~8월 15일
- 작업물 납품일: 8월 10일
- 비용: 300만원 (부가세 포함)
- 저작권은 발주처 귀속

챗GPT:

제1조(목적) 본 계약은 콘텐츠 제작 용역에 관한 권리·의무를 정함에 목적이 있다.

제2조(계약기간) 2025년 7월 15일부터 8월 15일까지로 한다.

제3조(업무 범위 및 납품) 발주자는 ○○ 내용을 위탁하며, 수탁자는 8월 10일까지 납품한다.

제4조(대금 및 지급 방법) 계약 금액은 총 3,000,000원이며, 납품 후 7일 이내 지급한다.

제5조(저작권 귀속) 결과물에 대한 저작권은 발주자에게 귀속된다.

제안서 기본 틀 만들기

사업 제안서나 기획안은 내용보다 형식이 부담이 되는 경우가 많다. 이럴 때 챗GPT에게 '제안서 틀'을 요청하면, 표지부터 목차, 본문 구성까지 일목요연하게 정리해준다.

질문: B2B 고객을 대상으로 마케팅 솔루션에 대한 영업 제안서 템플릿을 항목별로 작성해줘.

챗GPT:

[제안서 구성안]

1. 표지
   - 제안서 제목
   - 제안일 / 제안 업체명 / 담당자 연락처
2. 목차
3. 회사 소개
   - 기업 개요
   - 주요 실적 및 역량
4. 솔루션 개요
   - 도입 배경
   - 기능 요약

5. 기대 효과

- 비용 절감 / 업무 효율화 / ROI 향상

6. 도입 일정 및 비용

- 단계별 일정안

- 견적서 요약

7. 마무리

- 제안 포인트 요약

- 향후 협의 요청

이처럼 목차 구성만 받아도 PPT나 문서로 쉽게 전환할 수 있다. 여기에 각 항목별 내용을 요청하면 해당 내용까지 자동으로 채워주는 것도 가능하다.

6-4

영업인을 위한 고객 미팅 준비

영업 또는 상담 준비를 위한 자료 준비

사람을 직접 만나서 대화를 해야 하는 영업인이나 상담인은 사람과의 대화를 어떻게 이끌어갈 것인지가 중요하다. 챗GPT는 미팅을 위한 자료를 준비하는데 큰 도움이 된다.

영업 미팅이 예정되어있다면, 미팅 시 고객에게 어떤 질문을 할지에 대해 챗GPT에게 물어보고 질문리스트를 뽑아보면 좋다.

질문: 재정 상담 미팅을 하기 전에 질문할 내용 만들어줘. 카테고리 별로 질문을 20개씩 만들어줘.

챗GPT:

자산 현황 (20문항)

  1. 현재 본인의 총 자산 규모는 어느 정도인가요?

  2. 부동산, 금융 자산, 현금 중 어떤 자산 비중이 가장 크신가요?

  3. 부동산을 몇 채 보유하고 계신가요?

4. 토지나 상가 같은 실물 자산도 보유 중이신가요?

5. 차량 가치는 어느 정도인가요?

6. 귀중품(금, 예술품 등) 자산도 있으신가요?

(중략)

2. 저축 습관 (20문항)

1. 매달 평균 저축 금액은 얼마인가요?

2. 월 소득 대비 저축률은 몇 % 정도인가요?

3. 저축은 자동이체로 관리하시나요?

4. 급여 통장에서 바로 저축 계좌로 이체하는 방식인가요?

5. 저축 목표(집, 교육비, 노후 등)는 무엇인가요?

6. 목표 금액과 기간을 정해두고 저축하시나요?

(중략)

4. 부채 & 대출 (20문항)

1. 현재 대출 규모는 어느 정도인가요?

2. 주택담보대출이 있으신가요?

3. 신용대출 규모는 어떻게 되나요?

4. 자동차 할부나 리스가 있나요?

미팅 전 이런 질문리스트를 보면서 고객과 어떤 대화를 할지 생각해보는 것이 미팅에 큰 도움이 된다. 그리고 이를 기초로 체크리스트도 만들어볼 수 있다.

상담 보고서 작성

챗GPT는 상담 보고서를 작성하는데 큰 도움이 된다. 다음과 같이 질문해서 상담 보고서에 들어갈 기본 항목 먼저 확인하고 그에 맞춰 보고서를 작성할 수 있다.

질문: 보험 상담 보고서를 쓰려고 해. 어떤 항목이 들어가면 좋을지 모르겠어. 네가 알려줘.

챗GPT:

보험 상담 보고서에 포함하면 좋은 항목

1. 기본 정보
- 고객 성명
- 연락처
- 나이 / 성별 / 가족관계
- 직업 및 소득 수준

목적: 고객의 기본 상황을 빠르게 파악

2. 상담 배경
- 상담 일시 / 장소
- 상담 경위 (소개 / 전화 / 온라인 문의 등)
- 고객의 주요 관심사 (예: 노후 대비, 자녀 교육, 세금 절감, 의료 보장 등)

목적: 이번 상담이 어떻게 시작되었는지 기록

3. 현재 상황 분석
· 기존 보험 가입 현황 (종류, 보장 내역, 보험료 수준)
· 재정 상태 요약 (대출 여부, 저축/투자 규모, 지출 패턴)
· 건강 상태 (질환 유무, 병력, 가족력 등)
· 고객이 말한 고민이나 불안 (예: "노후 생활비 걱정", "자녀 대학 등록금 부담")

목적: 고객 니즈와 현재 상태를 한눈에 정리

4. 고객 니즈 정리
 · 1순위: 반드시 필요한 부분 (예: 의료 보장 강화)
 · 2순위: 중기 과제 (예: 교육비 마련)
 · 3순위: 장기 과제 (예: 노후 자금, 상속 설계)

(중략)

이렇게 챗GPT가 보고서에 들어가야 할 내용을 알려주면, 그에 맞춰 미팅 내용을 적고 보고서라고 써달라고 하면 된다. 그러면 챗GPT는 미팅 내용을 기초로 보고서를 만들어 줄 것이다.

6-5
엑셀 수식 작성과 데이터 분석

수식을 몰라도 OK, 목적만 말하자

GPT를 활용할 때 가장 좋은 점은 수식을 외우지 않아도 된다는 것이다. 예를 들어 아래와 같이 요청할 수 있다.

질문: 엑셀에서 A열에는 날짜, B열에는 금액이 있어. 이번 달 총합을 구하는 수식을 알려줘.

챗GPT:
=SUMIFS(B:B, A:A, ">=2024-07-01", A:A, "<=2024-07-31")

이렇게 날짜 조건을 지정해주는 `SUMIFS` 함수를 바로 알려준다.

엑셀 수식, 이제 혼자 고민하지 않아도 된다

엑셀을 사용할 때 가장 어려운 점 중 하나는 수식과 함수의 정확한 사용법이다. `IF`, `VLOOKUP`, `INDEX-MATCH`, `QUERY`, `ARRAYFORMULA` 같은 함수들은 기능이 강력하지만 익숙하지 않으면 오류를 내기 쉽다. 이럴 때 챗GPT에게 직접 수식 작성을 요청하면, 상황에 맞는 정확한 수식을 제안해준다.

질문: A열에 이름, B열에 판매금액이 있는 표에서 판매금액이 100만 원 이상인 사람만 필터링해서 새로운 표로 만들 수식 만들어줘.

챗GPT:

=FILTER(A2:B100, B2:B100 >= 1000000)

위처럼 직접 수식을 알려주기 때문에 실무에서 바로 복사해 쓸 수 있다.

함수 설명까지 받아보자

단순히 수식을 주는 데서 그치지 않고, 각 함수의 작동 방식이나 차이점에 대해서도 설명을 요청할 수 있다.

질문: VLOOKUP과 INDEX-MATCH의 차이점과 각각 언제 쓰는 게 좋은지 설명해줘.

이렇게 학습용으로도 활용하면 함수의 원리를 제대로 이해할 수 있다.

복잡한 조건도 쉽게 해결된다

여러 조건을 조합한 복잡한 수식도 어렵지 않다. 예를 들어, 특정 부서의 3월 실적 중에서 500만 원 이상만 추출하고 싶다면 조건을 나열해 설명하면 된다.

질문: A열은 이름, B열은 부서, C열은 3월 실적이야.
부서가 '영업'이고 실적이 500만 원 이상인 사람의 이름과 실적을 추출하는 수식 알려줘.

챗GPT:

=FILTER(A2:C100, (B2:B100 = "영업") * (C2:C100 >= 5000000))

조건이 많아서 사람이 직접 작성하기 힘든 수식도 AI가 해결해준다. 뿐만 아니라 표로 정리해달라고 하면 표 또는 엑셀 파일로 만들어 주기도 한다.

엑셀 자동화도 가능할까?

엑셀 수식만으로는 반복 작업에 한계가 있다. 이럴 때 GPT에게 Google Apps Script나 VBA 코드로 자동화 방법을 물어볼 수 있다.

질문: 매일 날짜별로 자동으로 시트를 생성하는 Google Apps Script 코드를 만들어줘.

챗GPT:
```
function createDailySheet() {
  var ss = SpreadsheetApp.getActiveSpreadsheet();
  var today = Utilities.formatDate(new Date(), "GMT+9", "yyyyMMdd");
  var sheet = ss.getSheetByName(today);
  if (!sheet) {
    ss.insertSheet(today);
  }
}
```

이 코드는 매일 접속 시 날짜 이름의 시트를 자동 생성한다. 엑셀도 마찬가지로 VBA로 자동화할 수 있으며, GPT가 상세 코드를 작성해준다.

엑셀 파일 업로드로 직접 분석받기

챗GPT Plus 사용자라면, 엑셀 파일을 직접 업로드하고 그 내용을 분석해달라고 요청할 수도 있다. 예를 들어, 매출 데이터가 담긴 파일을 업로드한 후 아래처럼 요청하면 된다.

질문1: 업로드한 파일에서 월별 매출 합계를 계산해서 표로 정리해줘. 매출이 높은 달과 가장 낮은 달을 알려줘.

질문2: 이 엑셀 파일에서 고객별 구매 건수, 총액, 평균 구매 금액을 구해서 정리해줘.

질문3: 업로드한 데이터에 오류가 있는지 검토해줘. 이상치나 누락값이 있는지 알려줘.

질문4: 업로드한 CSV는 고객 구매 내역이야. 가장 많이 구매한 고객 5명을 표로 정리해줘.

질문5: 카테고리별 매출 요약 결과를 표로 정리해줘.

질문6: 부서별 인원수와 평균 근속 연수를 표로 보여줘.

이처럼 단순 수식을 넘어서 데이터 전반을 요약하고 인사이트까지 제공받을 수 있다.

6-6

파워포인트 슬라이드 구성과 시각화

발표 주제에 맞춘 슬라이드 구조 짜기

프레젠테이션을 준비할 때 가장 먼저 고민하는 것은 슬라이드의 흐름과 구성이다. 어떤 내용을 어떻게 나누고, 어떤 순서로 전달해야 할지 막막할 수 있다. 이때 챗GPT는 설득력 있는 발표 흐름과 슬라이드 구성을 빠르게 짜주는 데 유용하게 쓰인다. 단순히 슬라이드 제목만 정리하는 것이 아니라 각 슬라이드에 어떤 내용을 넣어야 하는지도 안내해주기 때문에 초안 단계에서 큰 도움이 된다.

슬라이드를 구성할 때는 먼저 발표 주제를 간단히 설명하고, 챗GPT에게 슬라이드 구조를 요청해보자. 예를 들어 "지속가능한 식생활"이라는 주제로 발표를 준비한다면 다음과 같은 프롬프트를 활용할 수 있다.

질문: '지속가능한 식생활'을 주제로 한 발표 슬라이드를 구성해줘. 10페이지 정도로, 각 슬라이드에 제목과 간단한 설명도 넣어줘.

챗GPT:

발표 슬라이드 구성 (10p)

1. 표지 (Title Page)
- 지속가능한 식생활: 지구와 나를 위한 작은 실천
- 이름 / 소속 / 발표일

2. 왜 지속가능한 식생활이 중요한가
- 전 세계 온실가스의 약 1/3이 식품 시스템에서 발생
- 우리의 밥상이 곧 지구의 미래와 연결

3. 현재 식생활의 문제
- 과도한 육류 소비 → 메탄가스 증가
- 가공식품·과포장 → 자원 낭비
- 음식물 쓰레기 → 탄소 배출 확대

4. 지속가능한 식생활의 개념
- 환경 부담을 줄이고
- 영양 균형을 유지하며
- 지역사회와 생태계를 존중하는 식생활

(중략)

각 슬라이드 내용 구체화하기

구조만 짜고 끝내지 말고, 각 슬라이드에 어떤 문장을 넣을지 구체적으로 요청해보자. 각 페이지별로 내용을 확인하면서 설명 문장, 데이터 요약, 핵심 포인트 등 수정사항을 요청하면, 내용을 변경해준다. 그리고 요청하면 PPT 파일도 만들어 준다.

6-7
기획서와 사업계획서 작성 지원

기획서 기본 틀 잡기

많은 직장인들이 기획서 작성 앞에서 막막함을 느낀다. 어디서부터 시작해야 할지, 어떤 항목을 넣어야 할지, 전체 구조는 어떻게 구성해야 할지 막연하기 때문이다. 하지만 챗GPT를 활용하면 템플릿 생성, 논리 구조 설계, 내용 보완 등 모든 단계를 손쉽게 해결할 수 있다. 가장 먼저 챗GPT에게 기획서 템플릿을 요청하는 것이 좋다. 다음과 같은 프롬프트를 입력해보자.

질문: 신제품 출시를 위한 기획서 템플릿을 만들어줘. 일반 회사에서 사용할 수 있는 형식으로, 항목별로 제목과 설명을 포함해서 구성해줘.

챗GPT:
신제품 출시 기획서 템플릿
1. 개요 (Overview)
항목 설명: 신제품의 기본 정보와 출시 목적을 간략히 기술합니다.

포함 내용:
- 제품명 (가칭)
- 제품 카테고리/시장
- 출시 목표 (매출/시장 점유율/브랜드 강화 등)

2. 시장 분석 (Market Analysis)

항목 설명: 신제품이 진입할 시장의 규모와 환경을 분석합니다.

포함 내용:
- 시장 규모 및 성장률
- 주요 트렌드 및 소비자 요구
- 경쟁사 및 유사 제품 분석

3. 타깃 고객 (Target Customer)

항목 설명: 신제품이 공략해야 할 주요 고객군을 정의합니다.

포함 내용:
- 연령, 성별, 직업, 소득 수준
- 주요 소비 패턴 및 구매 동기
- 페르소나(대표 고객 프로필)

이런 형식을 바탕으로 자신의 아이디어나 회사 상황에 맞게 항목을 수정해나가면 된다.

항목별 내용 채워나가기

구조가 성리되면 각 항목에 필요한 내용을 구체화해야 한다. 이때도 챗GPT는 강력한 도우미가 된다. 예를 들어, 시장 분석 항목이 어렵다면 이렇게 요청할 수 있다. "MZ세대를 타깃으로 한 건강 간편식 제품을 출시하려고 해. 이 시장에 대한 분석 내용을 기획서 형식으로 써줘." 그러면, 소비 트렌드, 경쟁 제품과 기회 요인과 같은 분석 기법을 통해 답변을 준다.
이때 내용이 맘에 들지 않는다면, 원하는 내용을 정확히 지정해서 수정을 요청할 수 있다.

기획서가 익숙해졌다면, 사업계획서로도 확장할 수 있다. '기획서 작성해줘'라는 문구 대신 '사업계획서 작성해줘'라는 문구를 넣어주고, 어떤 용도로 사용할지에 대해서 알려주면 챗GPT는 곧 사업계획서를 작성해준다. 또는 "사업계획서에 들어갈 주요 항목을 알려줘"라고 요청해 사업계획서 항목을 하나씩 확인하면서 쓸 수도 있다.

발표용 슬라이드로 요약하기

사업계획서를 작성했다면, 사업 발표용 프리젠테이션 자료도 별도로 작성해야 한다. 그래서 사업계획서를 작성했다면, 발표용 프리젠테이션도 작성해달라고 요청하다. 물론 챗GPT가 모든 것을 해줄 수는 없겠지만, 초고용으로 사용하기 좋고, 시간을 상당히 줄여준다.

> **Tip : 실전 팁 - 내가 원하는 방향으로 유도하기**
>
> 기획서와 사업계획서는 정답이 없다. 그래서 더 중요한 것은 '방향성'을 잘 잡아주는 것이다. 다음과 같은 구체적인 프롬프트를 사용해 GPT의 출력을 내 입맛에 맞게 만들 수 있다.
> 활용 팁 프롬프트 모음:
> - "전문가 수준으로 써줘"
> - "임원 보고용 기획서니까, 간결하고 요점 중심으로 써줘"

- "프리젠테이션 발표용으로 요약도 추가해줘"
- "문장 중간중간에 핵심 단어를 볼드체로 표시해줘"
- "전체 내용을 3분 이내 발표용 원고로 요약해줘"

6-8
나만의 GPTs 만들기

GPT 만들기 시작하기

챗GPT는 원하는 용도에 따른 대답을 주로 해주는 맞춤형 GPT를 제작하는 기능이 있다. 자신 혼자서 사용할 수도 있고, 마켓에 올려 다른 사람과 공유할 수도 있다. GPT메뉴에 가면 다른 사람들이 만든 GPT를 용도에 맞춰 선택해 사용할 수 있다. GPT주제도 다양해 글쓰기, 그림그리기, 여행 심지어 타로리딩까지 다양한 주제에 맞춰 제작된 GPT를 사용할 수 있다.

또한 누구나 자신의 용도에 맞는 GPT를 제작할 수 있으며, 만드는 방법은 생각보다 어렵지 않다. 프로그래밍 지식이 전혀 없어도 누구나 15분 정도면 원하는 용도의 챗GPT를 만들 수 있다. 기존에 만들어진 GPT들도 좋지만, 내 업무나 취향에 딱 맞는 GPT를 직접 만들면 훨씬 더 전문적이고 맞춤형 GPT를 사용할 수 있다.

화면구성

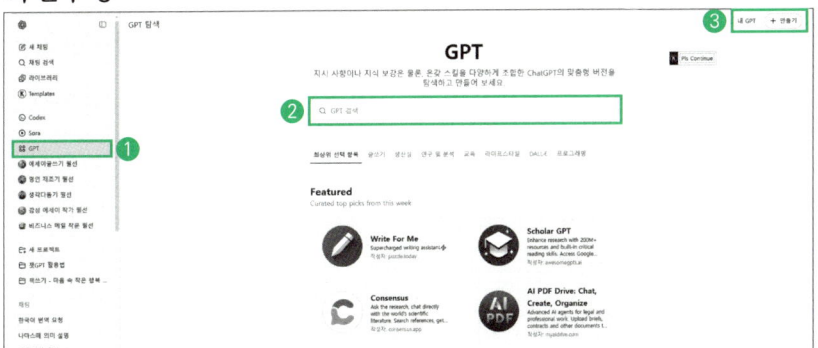

❶ 좌측화면의 GPT를 클릭하면 GPT 화면으로 들어올 수 있다.

❷ 중앙의 검색창을 통해 원하는 GPT를 검색할 수 있다.

❸ 우측 상단의 '만들기'를 클릭하면 새로운 GPT를 만들 수 있다. 이미 만든 GPT가 있다면, '내 GPT'를 통해 들어갈 수 있다.

내 GPT 만들기

'+만들기'를 클릭하면 다음 화면이 나오고, 'GPT 만들기'를 클릭한다.

그럼 다음과 같은 만들기 창이 실행된다.

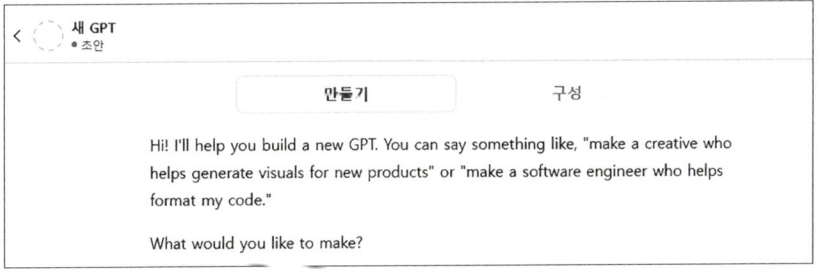

GPT를 만드는 방법은 두 가지가 있다. 첫번째는 '만들기'탭에서 대화를 통해서 만드는 방법이고, 두번째는 '구성'탭을 통해 직접 지침사항을 넣는 방법이다. '구성'을 통해서 직접 만들기보다는 '만들기'탭을 통해서 챗GPT와 대화를 통해 만드는 것을 추천한다. 대화를 통해 만드는 것이 직접 만드는 것보다 쉽게 만들 수 있기 때문이다.

아래 사진의 예시와 같이 원하는 챗GPT의 내용을 입력하고 자연스럽게 대화를 하면 된다. 챗GPT는 이름도 지어주고, 프로필 이미지도 자동으로 만들어준다.

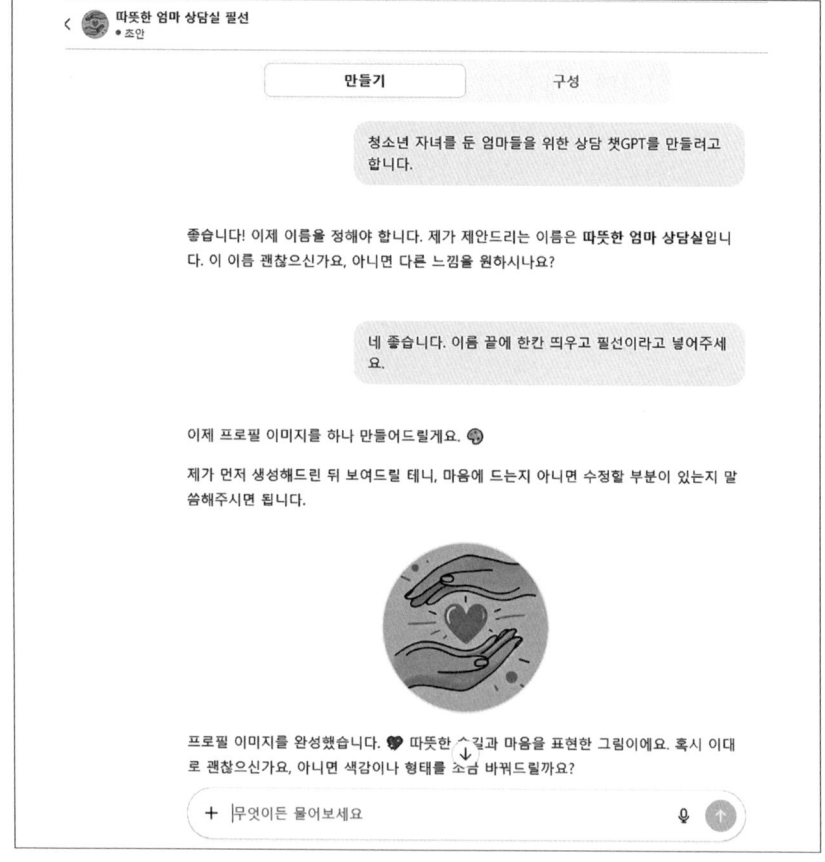

기본적인 정보가 만들어졌다면, 이제 세부적인 내용을 설정하면 된다. 어떻게 할지 고민하지 말고, 챗GPT에게 물어보자. "이제 뭘 알려주면 될까?" 이렇게 할일을 물어보면 아래 예시와 같이 챗GPT는 세부적인 내용 설정을 위해 무엇을 해야 할지 알려준다.

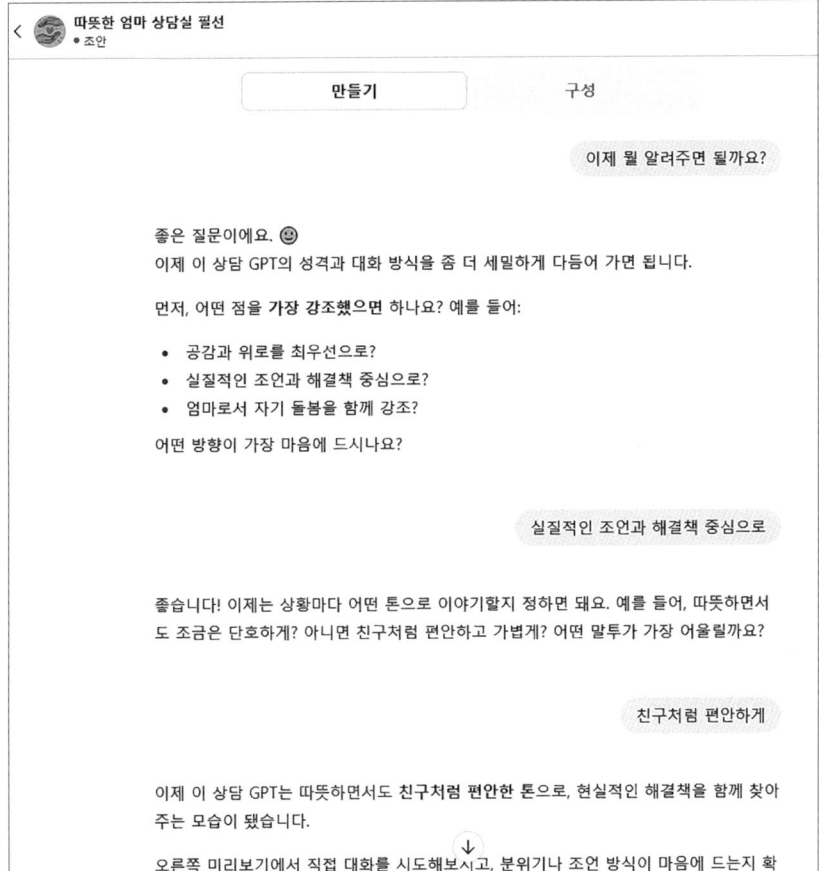

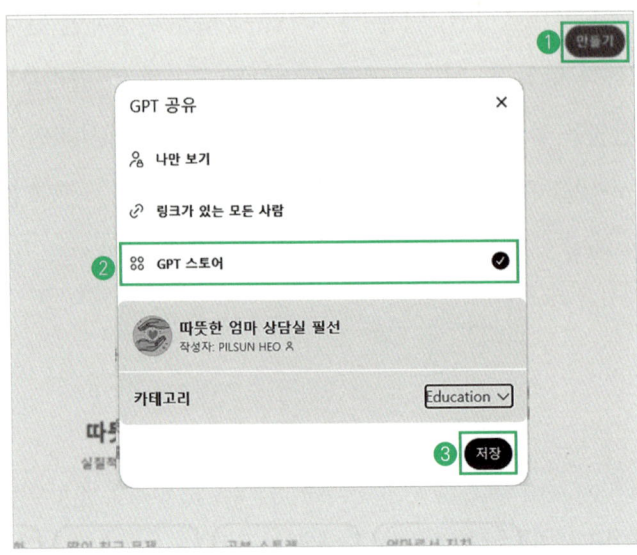

설정이 완료되었다면, 이제 ❶ '만들기' 버튼을 누른다. ❷ 'GPT 스토어'를 누르면 스토어에 올려 다른 사람들도 사용할 수 있게 된다. ❸ '저장'을 누르면 게시가 완료된다.

이제 새로 만든 GPT를 테스트해보자. 아직 수정할 내용이 있다면, 좌측 GPT탭을 눌러 이동 후 우측 상단 '내 GPT'를 눌러 지금 만든 GPT를 수정할 수 있다.

자, 이제 완성된 GPT를 사용해보자.

> 아이가 자신의 얘기를 잘 안해요
>
> 아이가 자기 얘기를 잘 안 한다니... 엄마 마음이 많이 답답하시겠어요 😊
> 특히 어릴 때는 뭐든 다 얘기해주던 아이가, 사춘기에 들어서면서 자기 속 얘기를 닫아버리면 "나한테 마음을 안 여는 건가?" "혹시 뭔가 문제가 있는 건가?" 하는 불안이 커질 수 있거든요.
> 그런데 사실 이 시기의 아이들은 **"엄마랑 덜 얘기하는 것"** 자체가 자연스러운 발달 과정이에요. 자립심이 커지면서 자기만의 세계를 지키고 싶어 하고, 부모와 거리를 두려는 게 일종의 독립 연습인 거죠.
> 다만, 그렇다고 해서 대화가 완전히 끊겨버리면 엄마는 외롭고 불안하니, 그 틈을 좁히는 방법이 필요해요.
>
> ☑ 아이가 자기 얘기를 잘 꺼내도록 돕는 **방법 몇 가지**
> 1. 질문보다는 관찰로 시작하기
>   - "오늘 뭐 했어?" 같은 직접적인 질문보다,
>   - "오늘 들어올 때 보니까 표정이 좀 지쳐 보이던데"
>   - "새로 산 이어폰 자주 쓰는 거 보니까 꽤 마음에 드나 봐"
>   - 이런 식으로 '관찰'을 말해주면 아이가 자연스럽게 이어서 얘기할 확률이 높아요.
> 2. 무심한 듯한 환경 활용하기
>   - 정면에서 마주 앉아 얘기하면 아이는 부담스러워해요.
>   - **차 안, 산책, 집에서 뭔가 같이 하면서 옆에 있을 때** 툭툭 나누는 대화가 훨씬 편해요.
> 3. 작은 비밀 지켜주기
>   - 아이가 얘기했을 때 바로 평가하거나 잔소리로 이어지면, 다음엔 입을 닫아버려요.
>   - "아, 너는 그렇게 느꼈구나" 하고만 넘어가도 아이는 '엄마한테 얘기해도 괜찮다'는 안전감을 느껴요.
> 4. 엄마도 조금씩 자기 얘기 열기
>   - "나도 오늘 회사에서 이런 일이 있었는데 좀 속상했어"

이렇게 자신의 필요에 맞게 용도에 맞춰 GPT를 만들어 사용하면, 짧은 질문으로도 원하는 답변을 얻을 수 있다.

GPT를 제작하기 전 나른 GPT를 사용해보고 싶다면 '필선'으로 검색해서 사용해보자. 필자가 만들어놓은 몇 가지 GPT를 볼 수 있을 것이다.

내 GPT

GPT 만들기
Customize a version of ChatGPT for a specific purpose

따뜻한 엄마 상담실 필선
친근하고 따뜻하게 부모 반응을 함께 탐색하는 상담 파트너
채팅 6개
모든 사람

비즈니스 메일 작문 필선
해외 영업 담당자를 위한 친근하고 정중한 비즈니스 영어 메일 전문 GPT입니다. 한국어로 작성한 내용을…
채팅 8개
모든 사람

영상 나레이션 메이커
영상 주제와 스타일에 맞는 나레이션 스크립트를 작성해주는 GPT
나만 보기

명언 제조기 필선
따뜻한 위로 중심으로 창작 명언을 만드는 GPT
채팅 10+개
모든 사람

감성 에세이 작가 필선
짧은 글로 감성을 전하며 먼저 다정히 말을 거는 작가입니다.
채팅 5개
모든 사람

에세이글쓰기 필선
감정과 순간을 긴글로 풀어주는 감성 에세이 작가
채팅 10+개
모든 사람

생각다듬기 필선
혼란한 마음을 구조화하고, 필요한 진실은 직시하게 도와줍니다.
채팅 5개
모든 사람

에필로그

챗GPT는 단순히 글을 대신 써주는 도구가 아니다. 생각을 정리하고, 방향을 설정하며, 막연했던 기획을 구조화하는 과정을 함께하는 동반자이다. 어설픈 초안이 전문적인 문서로 다듬어지고, 미완의 아이디어가 실행 가능한 계획으로 구체화되는 경험을 할 수 있다.

그러나 모든 사람이 챗GPT를 그렇게 생각하지는 않는다. 어떤 이는 단순히 또 다른 검색창으로만 여기며, 원하는 답을 얻지 못했다고 불평한다. 주식 예측을 요구하며, 맞지 않는다고 실망하기도 한다. 반면 누군가는 챗GPT를 통해 그림을 그리고, 기획서를 작성하며, 보고서를 완성하고, 나아가 어플리케이션을 만들거나 실제 수익을 창출하기도 한다.

자신이 챗GPT를 어떻게 사용하고 있는지 알고 싶다면, 다음 페이지의 프롬프트를 챗GPT창에 쳐보자. 그러면 자신의 모습을 신랄하고 웃기게 비판한 답변을 보게 될 것이고, 나도 모르던 내 모습을 보고 피식 웃음이 나올 것이다.

"Based on everything you know about me, roast me and don't hold back, please answer me in Korean."

같은 도구인데, 사용자마다 다른 결과가 나오는 이유는 무엇일까? 그 차이는 바로 "어떤 질문을 하느냐"에 달려 있다. 챗GPT의 본질은 마법사가 아니라 거울이다. 사용자의 사고 수준과 질문 방식에 따라 전혀 다른 답을 비춘다. 결국 툴의 한계보다 더 중요한 것은 사용자의 태도와 접근법이다.

이 책은 독자가 챗GPT를 보다 현명하고 효율적으로 활용하기를 바라는 마음으로 집필되었다. 네 명의 AI 전문가가 다양한 방식으로 챗GPT를 테스트하며, 최대한 쉽고 실용적으로 사용할 수 있는 길을 제시하고자 했다.

집필 과정에서 챗GPT 5가 출시되었고, 짧은 기간에도 많은 변화가 있었다. 새로운 버전은 더 깊은 사고와 연산 능력을 보여주었으며, 한층 발전된 결과물을 내놓았다. 물론 여전히 파일 다운로드가 제한되거나, 엉뚱한 답변을 내놓기도 한다. 그러나 분명한 사실은 챗GPT가 계속 진화하며, 세상에 엄청난 변화를 가져올 것이라는 점이다. 나아가 챗GPT 외에도 수많은 AI가 인류의 일상과 산업을 더욱 빠르게 바꾸어 나갈 것이다.

4차 산업혁명이라는 말은 오래전부터 회자되어 왔다. 그러나 진정한 변화의 속도와 무게는 AI 기술이 본격적으로 현실을 바꾸는 지금에 와서야 실감할 수 있다. 매일 무서운 속도로 변하고 있는 시대, 앞으로의 사회에서 가장 중요한 역량은 바로 AI 활용 능력이 될 것이다.

부디 이 책이 독자에게 작은 길잡이가 되어, 챗GPT를 통해 더 큰 가능성을 발견하고, 스스로의 삶과 일터에서 새로운 변화를 이끌어내길 바란다.

당신은 세상에 어떤 질문을 하고 있는가?